George Candrea

Der Begriff des Erhabenen bei Burke und Kant

George Candrea

Der Begriff des Erhabenen bei Burke und Kant

ISBN/EAN: 9783743699946

Hergestellt in Europa, USA, Kanada, Australien, Japan

Cover: Foto ©Thomas Meinert / pixelio.de

Weitere Bücher finden Sie auf **www.hansebooks.com**

Der Begriff des Erhabenen

bei

Burke und Kant

INAUGURAL-DISSERTATION

zur

Erlangung der philosophischen Doctorwürde

an der

KAISER-WILHELMS-UNIVERSITÄT STRASSBURG

von

GEORGE CANDREA

STRASSBURG i. E.
Buchdruckerei C. Goeller, Magdalenengasse 20
1894.

Einleitung.

Was sich im Altertum über den Begriff des Erhabenen vorfindet, sind vereinzelte Gedanken, zunächst bei den Dichtern, in deren lebendigem ästhetischem Sprachgebrauch die konstitutiven kosmischen Elemente sich wiederspiegeln. Der Dichter steht ja im engen Zusammenhange mit der ästhetischen Reflexion seiner Zeit, die er auch seinerseits stets beeinflusst; er drückt in seinen Produkten nicht nur seine Gedanken aus, sondern durch den ästhetischen Wert, den er seinen Ausdrücken gibt, verleiht er ihnen zugleich den Charakter der ästhetischen Reflexion. Vorläufig fehlte nun dem Griechen eine adæquate Bezeichnung für das Erhabene; erst später wurde der Name des Erhabenen terminologisch fixiert und der Folgezeit überliefert, deren Aufgabe es war, die Theorie des neugefundenen Begriffs weiter zu entwickeln. Die Ausdrücke, die dem Griechen geläufig waren und mehr oder weniger mit dem Erhabenen verwandt schienen, entnahm er aus den bestimmten Grössenvorstellungen. Obgleich nun das philosophische Nachdenken sehr bald die nahe Verwandtschaft des Grossen mit dem Erhabenen erkannte, kommt bei den alten Philosophen der Begriff der Grösse doch nur im Umfange des Schönen zur Geltung oder geht, wie bei Plotin, völlig im Schönen auf. Da nun an den Schönheitsbegriff gewisse Haupterforderungen, wie: Regelmässigkeit, Symmetrie, Proportionalität, gestellt werden, so ist es natürlich, dass der ästhetische Gesichtskreis über diese Formforderungen hinaus sich nicht erweiterte. Die ästhetische Empfindung wurde gänzlich von der Form in Anspruch genommen, und die Einbildungskraft gezwungen, auf das Bestimmte und Vollendete sich zu beschränken. Longin hat das Verdienst, diese rationalen Formbestimmungen mit Bewusstsein überschritten zu haben, durch den von ihm zum erstenmal in der Aesthetik aufgestellten Begriff des Erhabenen. Was Longin bewogen haben mag, seine Schrift „περὶ ὕψους", zu nennen, ist ungewiss. Wahrscheinlich ist, dass er den in der rhetorischen Sprache geläufigen Ausdruck des Grossen mit „ὕψος" übersetzte, um dadurch wenigstens dem Namen nach den innern ästhetischen Gehalt dieses Begriffs anzudeuten und um zugleich diese ästhetische Kategorie von dem allgemeineren und desswegen viel blasseren rhetorischen Ausdruck „gross" zu unterscheiden. Freilich ist Longin sich selbst über diesen Unterschied nicht klar geworden; er hat ihn mehr geahnt als erkannt; denn er gebraucht dieses Wort auch da, wo es sich um minderwertige Gefühle handelt, ja es scheint als ob er diese Bezeichnung für alles anwendet, was uns beim Lesen von literarischen Werken in einem hohen Grade gefällt. Eine Menge von Stellen, die er als erhaben anführt, sind blos schön, ohne mit dem eigentlich Erhabenen in geringster Beziehung zu stehen. Es ist dies auch ein Beweis, dass Longin mehr seinem gesunden Menschenverstand als philosophischen Scharfsinn seine Ansichten über das Erhabene verdankt. Aus diesem Grunde ist auch hier schwerlich Walter beizustimmen, wenn er sich bemüht, Longin als einem dem Aristoteles „ebenbürtigen, ja in Einzelheiten noch glänzenderen Geist" hinzustellen. (Vgl. Dr. Julius Walter, Geschichte der Aesthetik im Altertum, Leipzig 1893, p. 837.)

Die Motive, welche Longin bewogen haben, eine Untersuchung über das Erhabene anzustellen, sind rein praktischer Natur: er will allen denjenigen, die sich der Beredsamkeit und den öffentlichen Geschäften widmen möchten, behilflich sein. Zu diesem Zwecke stellt er nun Regeln auf, die der Dichter und Redner befolgen müsste, wenn er das Gemüt des Zuhörers in eine erhabene Stimmung versetzen will. Seine Untersuchung über das Erhabene ist demnach nicht eine Aufdeckung seines metaphysischen Inhalts, sondern eine Angabe der Wirkungen und Einflüsse, die es auf das Gemüt des Menschen ausübt. Andererseits wurde er eben durch diese praktischen Ratschläge auf allgemeine Momente im Erhabenen zugeführt, ohne sie jedoch irgendwie systematisch zu ordnen. Besonders hat Longin treffend bemerkt, dass der erhabene Eindruck bei einer hinreichenden subjektiven Empfänglichkeit die Seele aus ihrem Alltagszustand plötzlich und mit Gewalt fortreisst. Auch betont Longin ausdrücklich, dass nur das Grosse, das Unendliche, sei es in der Rede, sei es in der objektiven Welt, imstande ist, uns bis zum Gefühl der Erhabenheit emporzuheben, denn das Nützliche ist zu gewöhnlich, um uns zu rühren, und nur das Ausserordentliche kann uns zur Bewunderung hinreissen.[1)]

Wiewohl nun Longin's Schrift keinen rein

[1)] Das Nähere über die Entwickelung des Begriffs des Erhabenen im Altertum und bei Longin, vergl. Walter op. cit. p. 86, 273, 577, 767 und 836.

ästhetischen Wert besitzt, so hat er in seiner Auffassung des Erhabenen doch im allgemeinen das Richtige getroffen, nur sind seine construktiven Bestimmungen, die das Wesen des Erhabenen ausmachen sollen, nicht scharf genug begrenzt; daraus erklärt es sich denn auch, dass seine Nachfolger die minderwertigen Nebenbestimmungen, wie die Eigenschaften des Plötzlichen, des Entzückenden, des Hinreissenden, für Hauptbestimmungen angesehen haben, mit Hilfe deren sie das Erhabene zu konstruiren versuchten. Unter diesen ist Boileau derjenige, welcher in der ersten Periode der neueren Philosophie und Philologie Longin ins Französiche übersetzte. Seine in dem Kommentar zu Longin niedergelegte Ansicht über das Erhabene geht nicht über diesen hinaus. Er begnügt sich damit zu behaupten, dass Longin unter dem von ihm aufgestellten Begriff des Erhabenen nicht das versteht, was man in der Redekunst einen erhabenen Stil nennt, sondern das Aussergewöhnliche, das Wunderbare, „qui fait qu'un ouvrage enlève, ravit, transporte"; diese Wirkung könne aber oft durch einen einzigen Gedanken, ja durch ein Wort erzielt werden. Boileau's Beispiel für das Erhabene ist der Tragœdie „Horace" von Corneille entnommen. Ein Weib, welches dem Kampf zwischen den drei Horatiern und Kuriatiern beigewohnt hat, verlässt den Schauplatz, ohne das Ende des Kampfes abzuwarten, und berichtet dem alten Horaz, dass zwei seiner Söhne getötet, der dritte aber unfähig, sich seiner Gegner zu erwehren, entflohen sei. Nun beweint der alte Römer nicht den Tod seiner zwei Söhne, sondern ihn kränkt nur die schändliche Flucht des letzten und die dadurch über sein Haus gebrachte Schmach. Die Schwester der getöteten Brüder, die auch bei der Scene zugegen war, fragt ihn: „Que vouliez-vous qu'il fît contre trois?"

und er antwortet rundweg: „qu'il mourût," eine Antwort,
die um so erhabener wirkt, als sie einfach und natürlich
ist. Aus diesem Grunde erscheinen dem Boileau auch
die von Longin angeführten Worte der Genesis:
„Gott sprach etc." erhaben [1]). Sieht man nun näher
zu, was Boileau unter dem Erhabenen verstanden
wissen will, so geht aus der von ihm aufgestellten
Definition hervor, dass er selbst im rhetorisch Erhabenen
befangen ist. Denn die Worte: „le sublime est une
certaine force de discours propre à élever et à ravir
l'ame, et qui provient ou de la grandeur de la pensée
et de la noblesse du sentiment, ou de la magnificence
des paroles, ou du tour harmonieux, vif et animé de
l'expression, c'est-à-dire d'une de ces choses regardées
separément, ou ce qui fait le parfait sublime, de ces
trois choses jointes ensemble", enthalten doch nur eine
Zusammenfassung der hauptsächlichsten Forderungen,
die Longin an den Redner stellt. Ein Beispiel, wo
diese drei Bedingungen des Erhabenen sich zusammen-
finden, glaubt Boileau in der ersten Scene der „Athalie"
von Racine gefunden zu haben, wo Abner, einer der
Hofbeamten am Hofe Judas, dem Grosspriester Joad
die Wuth der Athalia gegen ihn und gegen alle Leviten
schildert mit dem Bemerken, dass diese hochmüthige
Prinzessin nicht zögern würde, Gott selbst in seinem

---

[1]) Gegen diese Meinung Boileau's eiferten Huet, der
Gelehrte Bischof von Avranches, und der Kalvinist le Clerc:
gerade die Einfachheit dieser Worte der Genesis stände im
Widerspruch mit ihrer Erhabenheit; denn um etwas Erhabenes
zu sagen, müsse man auch auserwählte Worte gebrauchen;
das sei hier nicht der Fall, und folglich habe Moses gegen
alle oratorische Kunst gefehlt. (Boileau. p. 240.) vrgl. auch
Heinrich von Stein: „Die Entstehung der neueren Aesthetik"
(Stuttgart 1886. p. 9).

Heiligtum anzugreifen. Ohne eine innerliche Bewegung
zu verraten, antwortet darauf der Grosspriester:

> Celui qui met un frein à la fureur des flots,
> Fait aussi des méchants arrêter les complots.
> Soumis avec respect à sa volonté sainte
> Je crains Dieu, cher Abner, et n'ai point d'autre
> crainte.]

Im Gegensatz zu Boileau steht Huet, welcher in
seiner Dissertation über die Worte der Schöpfungsgeschichte: „Gott sprach" etc. wahre Erhabenheit nur den
Dingen der Natur und der Natur selbst beimisst. „Le
sublime des choses — meint Huet — est le veritable
sublime, le sublime de la nature, le sublime original;
et les autres ne le sont que par imitation et par art.
Le sublime des choses a la sublimité en soi-même: les
autres ne l'ont que par emprunt; le premier ne trompe
point l'esprit; ce qu'il lui fait paraitre grand, l'est en
effet. Le sublime de l'art au contraire, tend de pièges
à l'esprit, et n'est employé, que pour faire paraitre
grand, ce qu'il ne l'est pas, ou pour le fair paraitre
plus grand qu'il n'est. (Vergl. Boileau, traite du
sublime ou du merveilleux dans le discours: traduit du
grecque de Longin p. 239, 240, 260 und 289.) Wenn
Boileau das Erhabene auf einen nicht weiter erklärbaren Vorgang im Subjekte zurückführte, so verlegt
Huet es in die Objekte, die, durch sich selbst erhaben,
auf die Seele wirken sollen. Die Erhabenheit wird
zur Eigenschaft, die den Dingen selbst anhängt.

Auch La Motte, welcher mit den bisherigen Erklärungen unzufrieden ist, will ein eigenes Prinzip aufstellen,
auf Grund dessen man über die Erhabenheit soll urteilen können. Er bringt aber in seiner Definition nichts
Bemerkenswertes und beschränkt das Erhabene sogar
geradezu auf eine gewisse Art des formalen Ausdrucks.
„Le sublime — sagt er — n'est autre chose que le

vrai et le nouveau réunis dans une grande idée, exprimés avec élégance et précision" (Oeuvres de La Motte Paris 1754, tom., 1 p. 35). Unter Wahrheit versteht La Motte entweder eine positive, wie in den Worten: „Gott sprach" etc. oder nur eine Wahrheit der „convenance", die, logisch betrachtet, überhaupt keine Wahrheit ist. Das Erhabene kann zwar mit den Gesetzen der Wahrheit übereinstimmen; allein diese Uebereinstimmung ist keineswegs notwendig, damit ein ästhetisches Wohlgefallen entstehe. Wer fragt z. B. in der Poesie, ob die geschilderten erhabenen Begebenheiten sich wirklich zugetragen haben oder nicht. Was die Eleganz betrifft, die La Motte in seiner Definition erwähnt, so ist dies ein Begriff, welcher mit der Erhabenheit in keinerlei Beziehung zu bringen ist.[1])

Diderot ist in seiner Meinung über diesen Gegenstand von Burke beeinflusst. „Tout ce qui étonne l'ame", — meint er — „tout ce qui imprime un sentiment de terreur conduit au sublime", und zur Erläuterung dieser Worte fügt er hinzu: „Une vaste plaine n'étonne pas comme l'océan, ni l'océan tranquille comme l'océan agité". (Oeuvres complètes de Diderot, Paris 1876, tome XI, p. 146; vergl. dazu auch Burke. p. 86, 89, 100, 109, 111, 125, 130, 133). Die Erklärung, welche Marmontel über das Erhabene gibt, beschränkt sich auf eine Reihe von Wirkungen, die wir schon von Longin her kennen. So wie Huet versetzt auch er die Erhabenheit in die Objekte, alles andere ist zur Hervorbringung der Er-

---

[1]) Wahrscheinlich steht La Motte bei der Aufstellung seiner Definition unter dem Einfluss Cicero's, von dem oft gefordert wird: accurate eleganterque dicere (Brut 22), elegantia et munditia (Orat 23), polita, urbana et elegans oratio (Brut 82). Das Elegante in der Rede ist daher eigentlich nur das sorgfältig Gewählte, Reinliche, Gefeilte im Ausdrucke.

habenheitswirkung nebensächlich; seine Meinung lautet: „Tout ce qui porte nos idées au plus haut degré possible d'étendue et d'élévation, tout ce qui se saisit de notre ame et l'affecte si vivement que sa sensibilité réunie en un point, laisse toutes ses facultés comme interdites et suspendues; tout cela, soit qu'il opère successivement ou subitement, est sublime dans les choses; et le seul mérite du style est de ne pas les affaiblir, de ne pas nuire à l'effet qu'elles produiraient seules, si les ames se communiqaient sans l'entremise de la parole". (Encyclopédie Tome XXXI, p. 797.)

Diese Untersuchungen führen uns kaum über die von Longin angegebenen Merkmale des Erhabenen hinaus. Unter Longin's Einfluss begnügte man sich vielmehr mit der Aufstellung verschiedener, mehr oder minder wertvoller Beschreibungen des Erhabenen, zu deren Erläuterung man verschiedene, mehr oder weniger glücklich gewählte Stellen aus poetischen Werken anführte, die illustrieren sollten, welche seelischen Bewegungen, welche Konflikte und welche Auflösungen der Dichter hervorzurufen habe, um erhaben zu wirken. Dass man sich der Schwierigkeiten einer wahren Definition des Erhabenen und der Unzulänglichkeit der bisherigen selbst bewusst war, das beweist die mit einem gewissen Skeptizismus gestellte Frage des La Bruyère: Qu'est-ce que le sublime, l'a-t-on défini?

Eine besondere Aufmerksamkeit haben die englischen Schriftsteller über ästhetische Gegenstände dem Erhabenen gewidmet. Da sie aber ihrer philosophischen Richtung gemäss über den Empirismus und Sensualismus nicht hinauskamen, konnten sie ebensowenig wie die Franzosen diesen Begriff seinem innersten Wesen nach fassen. Denn sie suchten nicht eine Metaphysik des Schönen und Erhabenen zu finden, sondern beschränkten sich in der Aesthetik auf eine psychologische Zergliederung des empfindenden Subjekts; es wird nach dem subjektiven Eindruck, nach dem Gefühl geforscht, welches das Schöne und Erhabene hervorruft und zwar wird das, was Vergnügen macht, als schön bezeichnet. (Vrgl. Robert Zimmermann „Geschichte der Aesthetik", p. 221.) In dieser Weise sucht auch Home den Begriff des Erhabenen aus dem subjektiven Gefühl der Grösse und Höhe abzuleiten.

Auf die mannigfaltigen Widersprüche einzugehen, in welche Home in seiner Untersuchung über diesen Gegenstand gerät, und auf welche Zimmermann (op. cit., p. 235) besonders aufmerksam gemacht hat, ist unnötig. Hier sei nur die Thatsache erwähnt, das Home das Erhabene vom Schönen hinsichtlich der psychologischen Wirkung unterscheidet. Jenes „beschäftigt die ganze Aufmerksamkeit und erfüllt das Herz mit starken Empfindungen, die, obgleich ausnehmend ergötzend, doch mehr ernsthaft als fröhlich sind", während das durch die Betrachtung des Schönen hervorgerufene Wohlgefallen „nur den Charakter der Süssigkeit und Fröhlichkeit" zeigt. Diesem Unterschied der Wirkung des Erhabenen von der des Schönen werden wir bei Sulzer noch begegnen, der darin wahrscheinlich unter Home's Einfluss steht. Neben Burke pflegt man Home als denjenigen zu bezeichnen, welcher zur Erklärung des Erhabenen am meisten beigetragen habe. Jedenfalls sind seine Beobachtungen über diesen Gegenstand sehr geistreich, wie auch die von ihm angeführten Beispiele glücklich gewählt sind. Im Ganzen begnügt sich aber auch Home mit der Angabe verschiedener „Bewegungen" die das Erhabene hervorbringen soll, ohne auf den Inhalt dieser „Bewegungen" näher einzugehen. Merkwürdig ist, dass Home die erschöpfenden

Merkmale des Erhabenen, die vor ihm sein Landsmann Burke festgestellt, mit Stillschweigen übergeht. (Vrgl. H. Home's „Grundsätze der Kritik, deutsch von Meinhard. Leipzig 1772, p. 280, 282, 285). An Burke und Home anknüpfend, und wie er selbst zugesteht, grösstenteils durch sie beeinflusst ist das, was Hugo Blair über diesen Begriff vorbringt.

Ein Verdienst für die Förderung des Erhabenheitsbegriffs hat Blair sich namentlich dadurch erworben, dass er die Einteilung in ein Erhabenes der ausgedehnten Grösse und ein Erhabenes der Macht klar durchführt. Auch ist Blair der Ansicht, dass die Grundlage alles Erhabenen nicht Furcht, wie Burke es wollte, sondern Macht und Stärke seien, denn nichts sei erhaben, das wir nicht mit diesen Vorstellungen verknüpft hätten. (Vrgl. Hugo Blair's „Vorlesungen über Rhetorik und schöne Wissenschaften". Schreiter's Uebersetzung, Leipzig 1785, Th. 1., p. 72, 74).

Auch der Wolffischen Schule, durch welche die deutsche Aesthetik bis Kant bestimmt ist, mangelte es an der gehörigen Tiefe, um das eigentliche Wesen des Erhabenen klar zu erkennen. Denn auch „diese deutschen Aesthetiker — meint Cohen — sind der Hauptsache nach Psychologen. Die Metaphysik des Schönen haben sie nicht gefördert, sondern lediglich die Psychologie des Schönen. Daher stehen sie, wie sehr sie sich in der Richtung ihrer Idee unterscheiden und entgegenstellen, dennoch auf gleichem Boden mit den Ausländern. Der spiritualistische Zug ihrer Psychologie kann darin nichts ändern. Ihre Stärke liegt in der psychologischen Analyse, also im sensualistischen Interesse, wenngleich sie dasselbe einschränken" (Cohen. „Kant's Begründung der Aesthetik" p. 82). Baumgarten in einem dem Erhabenen gewidmeten Abschnitt: „De magnitudine æsthetica", hebt das auch von Longin geforderte Merkmal des Plötzlichen hervor, eine Forderung, die auch von Sulzer, Mendelssohn und von Burke (p. 131) an das Erhabene gestellt wurde.

Was Baumgarten seinerseits über das Erhabene hinzufügt, ist wenig geeignet, die Erklärung dieses Begriffs zu fördern. Wenn er sagt: „Illud vere magnum, quod subinde cogitandum considerandumque nobis occurrit, quod vix, ac ne vix quidem animo excidere potest, sed constanti firma et indelebili memoria retinetur" (Aesthetica 1750, Sect. XV, § 177), so scheint das, wie Vischer bemerkt, „uns mehr praktisch vom Komischen als theoretisch vom Erhabenen zu belehren." (Vischer „Ueber das Erhabene und Komische, Stuttgart 1837, p. 2.) Wie die Baumgarten's, so beschränkt sich auch Sulzer's Auffassung des Erhabenen auf das erwähnte Merkmal der Ueberraschung. Auch für ihn ist dasjenige erhaben was unsere Erwartung übertrifft und Bewunderung erregt. Bewunderung entsteht aber nur da, wo eine Grösse vorhanden ist, die man wirklich erkennen kann, d. h. sie darf nicht ausser unseren Begriffen liegen, sonst wird sie unbegreiflich und rührt uns nicht.

Für das Erhabene verlangt Sulzer demnach stets ein Mass, nach welchem wir seine Grösse, obwohl vergeblich, zu messen bemüht sind. Ein Gedanke, den Kant insofern verwertet hat, als er in demjenigen Abschnitt der „Kritik der Urteilskraft", welcher vom Erhabenen handelt, feststellt, dass zur Bestimmung einer Grösse wohl ein Masstab nötig sei, dass wir aber für das Erhabene keinen rechten Masstab hätten, es sei nur sich selber gleich („K. d. Urth." Reclam. Ausgabe p. 102).

Um die Gattungen des Erhabenen näher zu bestimmen, teilt Sulzer die Gegenstände in solche, welche entweder auf die Vorstellungskräfte oder auf die Begehrungskräfte der Seele wirken. Der ersten Gattung gehören die Vorstellungen an, welche teils durch die Sinne hervorgerufen, teils von der Phantasie gebildet oder endlich vom Verstand erzeugt werden können. Alle diese Dinge bewundern wir entweder aus Ueberraschung oder infolge unseres Unvermögens, sie auf einmal zu fassen. Die Gegenstände der zweiten Gattung beziehen sich auf unsere moralische Gesinnung, auf Grund unserer Teilnahme an den Handlungen anderer, die weit über unsere Kräfte hinausragen, oder deren Grösse wir nur mit einer gewissen Anstrengung fühlen können. So können Ehre, Rechtschaffenheit, Vaterlandsliebe unter gewissen Umständen unsere Bewunderung erwecken und somit erhaben sein.

Hier wie dort ist es das Unvermögen, uns die Dinge vorzustellen, aus dem Sulzer die Erhabenheit herleitet. Kant hat in seiner Analyse des Erhabenheitsbegriffs eben diese Beobachtung gemacht, nicht als ob er durch sie das Erhabene hätte erklärt wissen wollen, sondern er bedient sich ihrer, um das Moment der Unlust im Erhabenen nachzuweisen. Die vorerwähnte Einteilung selbst dürfte auf die nachträgliche Auffassung Kants, der das mathematisch Erhabene auf unser Erkenntnissvermögen, das dynamisch Erhabene auf das Begehrungsvermögen bezogen hat, nicht ohne Einfluss gewesen sein. Auch erkennt Sulzer richtig, dass wir uns bei Betrachtung des Schönen in einem Zustande des ruhigen und angenehmen Geniessens befinden. Das Erhabene dagegen, „welches mit starken Schlägen wirkt, ist hinreissend und ergreift das Gemüt unwiderstehlich." Diesen Contrast zwischen dem Wohlgefallen am Schönen und dem am Erhabenen, wonach das Gemüt bei dem ästhetischen Urteile über das Schöne sich in ruhiger Contemplation, beim Erhabenen dagegen in Bewegung befindet, hebt auch Kant seiner Zeit hervor. (K. d. Urth. p. 96; Vergl. J. G. Sulzer, „Allgemeine Theorie der schönen Künste", Leipzig 1786, Teil II., p. 84, 85 und 86).

Mendelssohn ist in seinen Ansichten über den Begriff des Erhabenen vielfach durch Burke bestimmt worden. In seiner Anzeige des Burke'schen Buches hofft er mit Hülfe dieser seiner philosophischen Beobachtungen der Natur eine vollständige Theorie der Empfindungen zu gewinnen; „nur freilich" — fügt er hinzu — „muss sich der Weltweise von den am allerseltsamsten scheinenden Beobachtungen nicht abschrecken lassen und nicht an der Möglichkeit verzweifeln, sie aus Vernunftschlüssen, d. h. aus psychologischen Gründen zu erklären." Diese Aufgabe sucht Mendelssohn zu lösen in der umgearbeiteten Fassung seiner Schrift: „Ueber das Erhabene und Naive" und vor Allem in seiner „Rhapsodie über die Empfindungen", wo wir unablässig den Einwirkungen Burke's begegnen.

Was nach ihm das Wesen der Erhabenheit ausmacht, das ist die Vollkommenheit; nun wissen wir, dass das aesthetische Urteil von der Vollkommenheit unabhängig ist, für die Entwickelung des Erhabenheitsbegriffs ist sie aber von minderwertiger Bedeutung. Was die Einteilung des Erhabenen in ein „Unermessliches der ausgedehnten Grösse" und ein „Unermessliches der Stärke" betrifft, so hat Mendelssohn sie zwar schärfer betont und sich die Mühe gegeben, sie psychologisch zu erklären; wir finden sie aber latent auch bei Longin; Burke, vielleicht von Longin beeinflusst, nennt unter den Quellen des Erhabenen, auch die „Kraft" und die „Grösse der Dimension" (p. 97 und 111). Auch Hugo

Blair erwähnt, wie wir sahen, diese Einteilung; Kant hat sie zum erstenmale mit dem Namen des mathemathisch und dynamisch Erhabenen benannt, scharf fixiert und tief begründet.

Mendelssohn ist bemüht, durch die Ableitung der Beobachtungen Burke's, den er gerade als Beobachter schätzt (p. 116), aus der Natur der Seele, deren Erörterung er wiederum bei Burke vermisst, die ästhetische Theorie des Erhabenen zu verbessern und damit den Weg der kantischen Untersuchungen zu ebnen.

Wie die Engländer in ihren philosophischen Untersuchungen zwischen der ethischen und ästhetischen, und andrerseits zwischen der psychologischen und metaphysischen Betrachtungsweise keine genau bestimmte Grenze ziehen, so behandelt auch Kant zunächst die Aesthetik. Die Schrift die uns die erste Stufe in der ästhetischen Entwickelung Kant's zeigt, sind die im Jahre 1764 erschienenen „Beobachtungen über das Gefühl des Schönen und Erhabenen". So entschieden, wie Hutcheson erklärt, auch K., gestützt auf die beobachtende Methode, die ästhetischen Eindrücke für unabhängig von der Verstandeserkenntniss. Die Abhandlung selbst ist in einer für den Leser überaus unterhaltenden Form geschrieben, und nichts lässt die strengen Fesseln und Regeln der kritischen Periode ahnen. Nicht mit dürren Begriffen und trockener Zergliederungen haben wir es hier zu thun, sondern mit feinsinnigen und geistreichen Bemerkungen aus dem Gebiete der Ethik und Antropologie, parallel mit ästhetischen Erörterungen über das ganze Gebiet der Natur und Kunst. Kant will hier die Beziehungen des sittlichen Lebens zu unserer ästhetischen Empfänglichkeit prüfen. Er sucht festzustellen, in wieweit die Billigung des Guten sich auf das ästhetische Urteil zurückführen lässt. Seine ethisch-ästhetischen Reflexionen knüpfen an Shaftesbury an. Wie dieser spricht auch Kant von der Schönheit der Tugend, die nur dann zum Bewusstsein kommen kann, wenn wir unsere Selbstliebe im Interesse des Wohlwollens unterordnen, mit einem Wort: „wenn unsere gütigen

Triebe proportioniert angewandt werden"[1]. Das Gefühl aber, welches zur wahren Tugend führt, nennt er „das Gefühl von der Schönheit und der Würde der menschlichen Natur". Der Begriff der Würde, die ein Grund der allgemeinen Achtung ist, deutet schon an, in welcher Richtung Kant das Erhabene sucht. Zunächst untersucht er die erhabenen Eigenschaften am menschlichen Körper und findet, dass die grosse Gestalt der Individuen, eine bräunliche Farbe und schwarze Augen, sowie die Würde des Alters besonders geeignet sind, den Eindruck des Erhabenen hervorzubringen. Unter den geistigen Gaben ist ein grosser Verstand erhaben, ebenso die Werke des Verstandes und Scharfsinns, wenn sie auch etwas für das Gefühl enthalten, z. B. die mathematische [2]) Vorstellung der unermesslichen Grösse des Weltbaues, die Betrachtung der Metaphysik von der Ewigkeit der Vorsehung oder der Unsterblichkeit unserer Seele. Unter den moralischen Eigenschaften flössen die erhabenen Hochachtung ein. Indessen kann nur wahre Tugend, die auf allgemeine Grundsätze gestützt ist, erhaben genannt werden. Dieses ist nun aber sehr wichtig; denn in der Art wie Kant den ästhetischen Eindruck der wahren Tugend schildert, liegt nicht nur eine Anerkennung des Gegensatzes zwischen dem rein

---

[1] Shaftesbury meinte dasselbe, wenn er sagte: „Wenn ein Individuum den Namen eines Guten oder Tugendhaften verdienen soll, so müssen alle seine Neigungen und Affekte, seine gesammte Denk- und Sinnesart dem Wohle seiner Gattung, oder des Systems, in welchem es als Teil mit eingeschlossen ist, gemäss und förderlich sein." (v. Gizycki: Shaftesbury, p. 102; vrgl. auch Jodl „Geschichte der Ethik". Stuttgart 1882, p. 169).

[2] Zum erstenmal wendet Kant diesen Terminus für die unermessliche Grösse hier an; indessen gebraucht er für das intensiv Grosse den Ausdruck des Dynamischen hier noch nicht.

Sittlichen und der Sinnenwelt, sondern auch ein Fingerzeig dafür, worin er später die Wirkung des Erhabenen gesucht wissen will. Freilich versteht Kant unter Grundsätzen nicht jene Vernunftmaximen, die jederzeit Beziehung auf unsere Denkungsart haben müssen, um uns Obermacht über die Sinnlichkeit zu verschaffen (K. d. Urth., p. 132), sondern das Bewusstsein eines Gefühls, das in jedem menschlichen Busen lebt und sich viel weiter als auf zufällige Impulse erstreckt. Diese Ansicht, wonach das Sittliche nur dann wahrhaft erhaben ist, wenn es etwas Bleibendes und Dauerndes im Menschen ist, geht besonders hervor aus der Schilderung des ethischen Temperamentes des Melancholikers, „mit welchem die wahre Tugend — also aus Grundsätzen — am meisten zusammenzustimmen scheint . . . . Aus diesem Grunde hat er ein vorzügliches Gefühl für das Erhabene . . . . Er ist standhaft, und deswegen ordnet er seine Empfindungen unter Grundsätze". Auch noch in seiner kritischen Periode meint Kant: „dass selbst Affektlosigkeit (Apathie, Phlegma in significatu bono) eines seinen unwandelbaren Grundsätzen nachdrücklich nachgehenden Gemüths erhaben ist, weil sie zugleich das Wohlgefallen der reinen Vernunft auf ihrer Seite hat" (Op. cit., p. 130). Freilich sind diese Gedanken, die Beziehung auf die spätere Entwickelung des Erhabenheitsbegriffs haben, vereinzelt. Kant's Auffassungsweise dieses Begriffs erinnert hier mehr an Burke[1]) und Home, sowohl in der Art wie er auf psychologische

---

[1]) Es ist sehr wahrscheinlich, dass Kant zu dieser Zeit Burke im Original (London 1757) nicht gekannt hat, — da er in der Kritik der Urteilskraft aus der Uebersetzung von Garve citirt, die erst 1773 zu Leipzig erschienen ist. Der Einfluss lässt sich demnach nur so feststellen, dass Kant die kritische Besprechung oder besser gesagt, den Auszug der

Vorgänge zurückgeht, als auch in einzelnen Beobachtungen und Ausdrücken. Das Gefühl des Erhabenen rechnet er zu den angenehmen, deren Wirkung aber sehr verschieden sein kann. So erregt das Erhabene ein Wohlgefallen, das bisweilen mit Staunen oder auch selbst mit Grauen gemischt sein kann. Der Anblick eines hoch über die Wolken hinausragenden beschneiten Gipfels, die Beschreibung eines rasenden Sturmes oder die Schilderung des höllischen Reiches bei Milton sind erhaben. Hohe und einsame Schatten im heiligen Haine sind erhaben; erhaben ist die Nacht. „Gemütsarten, die ein Gefühl für das Erhabene besitzen, werden durch die ruhige Stille eines Sommerabends, wenn das zitternde Licht der Sterne durch die braunen Schatten der Nacht hindurchbricht, und der einsame Mond im Gesichtskreise steht, allmählig in hohe Empfindungen gezogen, von Freundschaft, von Verachtung der Welt, von Ewigkeit". Auch ist die Miene des Menschen, welcher das Erhabene geniesst, wie es auch Home feststellte, ernsthaft, bisweilen starr und erstaunt. Ferner unterscheidet Kant drei Arten des Erhabenen: das Schreckhaft-Erhabene, das Edle und das Prächtige. Das Gefühl des ersten ist zuweilen mit Grausen oder auch mit Schwermut verbunden. Ein Beispiel dieser Erhabenkeit bietet die tiefe Einsamkeit einer Wüste. Andererseits ruft z. B. eine ägyptische Pyramide, eben durch den einfältigen und edlen Bau, eine ruhige Bewunderung hervor; wieder anders wirkt etwa der Bau der Peterskirche in Rom.

Burkischen Schrift von Mendelssohn aus der „Bibliothek der schönen Wissenschaften" (erschienen 1758) gekannt hat. — was ja ohne weiteres vorausgesetzt werden kann. Der Auszug selbst befindet sich auch in den an anderer Stelle genannten von Brasch herausgegebenen Schriften Mendelssohn's. p. 209. Bd. II.

Hier überwiegt der Eindruck des Prächtigen. Auf dem erhabenen Plane der Oberfläche ist der Schimmer der Schönheit durch Gold und mosaische Arbeiten in mannigfaltiger Weise verbreitet. Wie Burke, meint auch Kant, dass das Erhabene immer gross und einfach sein müsse. Wie jener, so nennt auch Kant grosse Dimensionen des Raumes in Höhe und Tiefe erhaben. Auch auf physiologische Erklärungen dieser erhabenen Wirkungen spielt Kant an, wenn er z. B. sagt: „dass die Empfindungen des Erhabenen die Kräfte der Seele stärker anspannen und dabei eher ermüden." (Vrgl. G. Hartenstein: Kant's sämmtliche Werke, Bd. II., p. 233.) Diese interessanten Beobachtungen über das Gefühl des Erhabenen, wie überhaupt die ganze Abhandlung, haben einen mehr belletristischen Wert; sie sind ein Erguss des Herzens, keineswegs aber eine Analytik des erhabenen Gefühls, wie sie Kant in seiner Kritik der Urteilskraft niederlegte. Wie die Engländer, begnügte auch er sich hier noch damit, an die Betrachtung des Erhabenheitsbegriffs eine Fülle von ästhetisch-ethischen Aperçus anzuknüpfen, ohne den Begriff des Erhabenen selbst tiefer aufgefasst zu haben.

Den Zeitraum, der zwischen der Veröffentlichung dieses Essays und dem ersten Erscheinen der Kritik der Urteilskraft liegen, müssen wir uns durch die Ausbildung seines eigenen Systems ausgefüllt denken. Dass Kant in dieser Zwischenzeit deutsche Aesthetik trieb und dass er an den literarischen und künstlerischen Zeitströmungen regen Anteil nahm, darf als sicher angenommen werden. Man hat oft wiederholt, dass Kant's wissenschaftliche Erforschung der Begriffe des Erhabenen und Schönen nicht als eine Consequenz seiner Anschauungen über die Schönheit der Natur und Kunst zu betrachten seien. Dass Kant keine ausgebreiteten

Kunstkenntnisse besass, mag wohl richtig sein, (Vrgl. Preussische Jahrbücher, Bd. XX, 1867, p. 116) dass er aber einen ausgesprochenen tiefen Sinn für Naturschönheit und Naturbetrachtung gehabt hat, können gerade seine vorerwähnten Gedanken über das Erhabene beweisen. Denn wenn sich ihm auch wenig Gelegenheit bot, die Natur in ihrer Erhabenheit und Schönheit zu bewundern, so kann man durchaus nicht behaupten, dass er, der erhabene Philosoph, auf seinen kurzen Reisen — mögen sie ihn auch nur etliche Meilen über seine Vaterstadt hinaus geführt haben — niemals zum Gefühl des Erhabenen hingerissen wurde. Die ewigen Sterne, die am Himmel leuchten, die Stille der Abenddämmerung, oder der Anblick einer majestätisch niedersinkenden Feuerkugel, die er bei Nacht von Ferne am heiteren Himmel fallen gesehen, werden auch ihn mit Bewunderung erfüllt haben. Ohne die Annahme eines ausgeprägten und echten Naturgefühls bei unserm Philosophen wäre wenigstens die Tiefe und Schärfe schwer verständlich, mit der er seine ästhetischen Theorien in der kritischen Periode begründet. Hier bringt er nicht einmal den Gemeinsinn, welchen er für ästhetische Urteile annimmt mit psychologischen Beobachtungen, sondern mit Logik und Erkenntnisstheorie in Verbindung (Urth. p. 89). Nur insoweit ist für ihn „eine empirische Exposition der ästhetischen Urteile wichtig, als sie den Anfang machen, um den Stoff zu einer höheren Untersuchung herbeizuführen" (p. 138). Diese höhere Untersuchung gründet bekanntlich Kant auf Principien apriori. Obwohl er nun hier den Standpunkt der Engländer gänzlich überwindet, indem er die psychologischen Beobachtungen sowohl für die Aesthetik als auch für die Ethik als unzureichend und unphilosophisch bezeichnet [1]), sehen wir ihn doch vielfach von den englischen Philosophen beeinflusst. Namentlich in der Analytik des Erhabenen lässt sich das nachweisen, und zwar ist es diesmal Burke, dem Kant vielfache Anregungen verdankt. Seine psychologische Analyse des Erhabenen, obwohl sie bisweilen zu nüchternen Absonderlichkeiten führte, gab doch wichtige Winke für die Entwickelung dieses Begriffs. Mendelssohn war es, der zuerst, wie wir sahen, diese Beobachtungen psychologisch zu vertiefen suchte. Kant schätzte diese Untersuchung auch nicht gering, sondern sprach sich, ähnlich wie über Locke (K. d. r. V., p. 105) und Hume, sehr anerkennend auch über Burke aus, „der in dieser Art der Behandlung als der vornehmste Verfasser genannt zu werden verdient" (Urth., 136), aber eben nur in dieser Art der Behandlung; denn eine psychologische, d. i. empirische, nicht aber eine allgemein gültige transcendentale Exposition mit Gründen apriori (p. 138) konnte Kant nur wenig befriedigen.

Burke huldigt nun in seiner Untersuchung einem gewissen Skeptizismus. Die wirkende Ursache des Schönen und Erhabenen will er in ihrem letzten Grunde nicht verfolgen; denn obgleich er sich bemüht, von unseren Leidenschaften auch physiologische Erklärungen

[1]) Noch im Jahre 1765 als K. „eine Nachricht von der Einrichtung seiner Vorlesungen in dem Winterhalbjahr von 1765 bis 1766" veröffentlichte, schreibt er, dass die Versuche Shaftesbury's, Hutcheson's und Hume's, die, obzwar unvollendet und mangelhaft, gleichwohl noch am weitesten in der Aufsuchung der ersten Gründe aller Sittlichkeit gelangt seien, durch ihn diejenige Präcision und Ergänzung erhalten würden, die ihnen mangele". G. Hartenstein, Kant's sämmtliche Werke, Bd. II, p. 319; vrgl. auch Friedrich Wilhelm Foerster „Der Entwickelungsgang der kantischen Ethik bis zur Kritik der reinen Vernunft", Berlin 1893, p. 11).

zu geben, weiss er doch nicht, „warum gewisse Veränderungen im Körper solche und keine anderen Bewegungen in der Seele erregen, noch warum überhaupt die Seele Eindrücke vom Körper erhält und der Körper unter dem Einflusse der Seele steht". (Burk's „Philosophische Untersuchungen über den Ursprung unserer Begriffe vom Erhabenen und Schönen", deutsch von Garve, Riga 1773, p. 209). Der Zusammenhang zwischen Körper und Geist erscheint ihm also unerklärlich: „denn wenn wir auch nur einen Schritt über die unmittelbar wahrnehmbaren Qualitäten der Dinge hinausthun, so verlassen wir unsere Sphäre" (p. 211). Er will daher nur zeigen, „welches die Empfindungen der Seele sind, von welchen gewisse Bewegungen im Körper erregt werden; und welches die bestimmten Beschaffenheiten oder Veränderungen im Körper sind, welche gewisse Leidenschaften in der Seele hervorbringen" (p. 210), und auf diese Weise unser Wohlgefallen am Schönen und Erhabenen im Zusammenhang mit anderen Erscheinungen unseres Lebens auffassen. Seine Untersuchung geht in ihren Hauptpunkten nur psychologisch zu Werke. Auf diesem Wege hoffte er ein übereinstimmendes Urteil über das Schöne und Erhabene gewinnen zu können, weil er davon überzeugt ist, dass der ästhetische Geschmack nicht weniger als das theoretische Urteil über das Wahre übereinstimmenden Gesetzen folge. Ja, Burke zweifelt nicht daran, dass, wenn das Bedürfniss, die Regeln des Geschmacks in ein System zusammenzustellen, so dringend empfunden würde, wie das entsprechende Bedürfniss in den theoretischen Wissenschaften, man eine „Logik des Geschmacks zu einer ebenso vollkommenen Richtigkeit gebracht haben würde, als die Logik der Vernunft." (p. 3). Denn ausser den Sinnen und der Einbildungskraft, welche übereinstimmenden Gesetzen folgen, kommt nur die Vergleichung des Aehnlichen und Unähnlichen beim Urteil über das Schöne und Erhabene in Betracht (p. 15); deswegen erklärt Burke sich auch gegen die Meinung, dass die Urteile des Geschmacks einem besonderen Instinkt folgen, „durch den wir auf eine natürliche Weise, und bei dem ersten Blicke, ohne alles vorhergegangene Nachdenken, von den Vorzügen oder den Fehlern (etwa) einer Schrift gerührt werden" (p. 33). So weit Einbildungskraft oder Leidenschaft in Betracht kommen, glaubt Burke, dass die Vernunft wenig zu Rate gezogen wird; wo es aber auf Anstand, Schicklichkeit und Richtigkeit des Planes ankommt, ist er überzeugt, dass da einzig und allein der Verstand wirkt. Seine Operation geschieht nicht jedesmal schnell und kommt vor Allem nicht immer gleich zu richtigen Resultaten, wie es ja oft Leuten wiederfährt, die ihre übereilten Geschmacksurteile nach einer reiferen und sorgfältigeren Betrachtung ändern müssen. Wie das theoretische Urteil kann auch der Geschmack nur durch eine „fortgesetzte Aufmerksamkeit auf die Sache, und durch eine öftere Uebung erhöht und verbessert werden" (p. 34). Richtigkeit und Geschwindigkeit im Geschmacksurteil ereicht man durch Uebung. Jedenfalls aber ist die Geschwindigkeit, mit welcher der Geschmack das Urteil fällt, „kein Beweis, dass er eine eigene natürliche Fähigkeit sei". Diese Geschicklichkeit in Sachen des Geschmacks gleicht dem Gange einer Untersuchung, die über Materien der bloss reinen Vernunft angestellt wird, wo mit äusserster Geschwindigkeit der ganze Verfolg der Gründe und Beweise fortgeführt wird, die Gründe entdeckt, Einwürfe gemacht und beantwortet, und die Schlusssätze aus den Vordersätzen herausgezogen werden. Allenthalben verschiedene Grundkräfte annehmen, ist unnütz, und überdies in hohem Grade unphylosophisch" (p. 31—36). Man sieht, dass diese Untersuchungen Burk's den unterscheidenden Charakter des ästhetischen Geschmacks gar nicht berühren; sie lassen auch die Prinzipien, auf welche dieser Denker seine ästhetischen Anschauungen gründet, noch nicht klar erkennen. Die Entscheidung liegt an einer anderen Stelle. Burke glaubt nämlich, alles Aesthetische auf den Gegensatz zwischen dem Schönen und dem Erhabenen, und diesen Gegensatz wiederum auf allgemeine Gesetze des Lebens zurückführen zu können. Er lässt daher das von Addison in den Vordergrund gestellte Princip der Neuheit fallen, welches bei Erregung der Leidenschaft zwar überall, aber auch immer nur oberflächlich wirksam sei; „denn die Neuheit läuft schnell über die meisten ihrer Gegenstände hinweg und erschöpft in Kurzem die Mannigfaltigkeit der gewöhnlichen Natur; dieselben Sachen kommen oft wieder zurück und bei jeder Wiederkehr mit wenigerem Vergnügen" (p. 38). Von diesen Erörterungen wendet Burke sich dann zur Betrachtung der beiden mächtigsten Hebel unseres Lebens, der Lust und des Schmerzes. Um beide in ihrem vollen Gegensatz erscheinen zu lassen, unterscheidet er von der positiven Lust das Frohsein (delegiht p. 47 [1]), die angenehme Stimmung, welches nur negativer Art ist, „weil sie aus dem Aufhören oder der Verminderung von Schmerz entspringt, nicht Aehnlichkeit genug mit dem positiven Vergnügen habe, um als eine Sache von gleicher Natur angesehen, oder mit demselben Namen belegt zu werden" (p. 46). Ferner versucht er zu zeigen,

[1] Garve übersetzt „Beruhigung"; Mendelssohn in dem am anderen Orte citirten Auszug „Frohsein". Ich glaube diese letztere Uebersetzung entspricht besser dem Sinne, den B. diesem Terminus hat beilegen wollen.

dass Lust und Schmerz beide positiver Art und von einander unabhängig seien, ohne in stetigem Wechsel sich gegenseitig zu bedingen (p. 41). Der Gegensatz zwischen beiden tritt aber erst dadurch vollends klar hervor, dass sie auf ganz verschiedene Gründe zurückgeführt werden, wobei Burke denn freilich seinem Vorsatze, auf die Erscheinungen sich zu beschränken, nicht getreu bleiben kann. Der Schmerz und alle mit ihm verwandten Leidenschaften, wie die des Schreckens oder der Furcht, entstehen durch die Angriffe oder Gefahren, welche unser Dasein bedrohen, und es ist daher der Trieb der Selbsterhaltung, welcher in diesen Leidenschaften sich regt (p. 51). Das Gefühl der Lust dagegen wird von Burke auf die Befriedigung der geselligen Triebe zurückgeführt. Er bemerkt, dass keine Lust stärker sei, als die Befriedigung des Geschlechtstriebes, der ersten Grundlage des geselligen Lebens, und dass jedes positive Wohlgefallen zum Anschluss oder zu einer Art geselliger Verbindung mit einem Gegenstande auffordere (p. 54). So sollen Lust und Schmerz zwei verschiedenen Trieben ihren Ursprung verdanken und zwar den beiden Trieben, welche der herrschende Naturalismus als die einzigen Triebfedern unseres Lebens zu betrachten pflegte [1]). Auf diesen Trieben soll nun auch das Erhabene und das Schöne beruhen. Die stärksten Bewegungen werden in unserer Seele durch die Ideen von Tod, Schmerz und Krankheit hervorgerufen, denn diese sind in hervor-

---

[1]) Diese zwei Triebe hat Burke von Hobbes und Hugo Grotius entlehnt. Der erstere lässt Recht und Sittlichkeit aus den natürlichen Anfangszuständen, durch den auf Selbsterhaltung gerichteten Trieb der einzelnen sich entwickeln. Grotius benützt den geselligen Trieb, um die Entstehung des natürlichen Rechts zu erklären. (Vrgl. Jodl op. cit. p. 114 und 105; auch Zimmermann, op. cit. p. 262).

ragendem Masse geeignet, die Erhaltung unseres Lebens
zu bedrohen. „Alles nun, was auf einige Weise ge-
schickt ist, die Vorstellungen von Schmerz und Gefahr
zu erregen, alles, was auf irgend eine Weise schrecklich
ist oder mit schrecklichen Gegenständen in Verwandtschaft steht, oder auf eine dem Schrecken ähnliche Art
auf die Seele wirkt, ist Quelle vom Erhabenen". Die
Bewegungen aber, die durch die Vorstellung von Schmerz
erzeugt werden, sind weit mächtiger als die, welche
das Gefühl der Lust mit sich bringt; der Schmerz ist
in seinen Wirkungen stärker als die Lust (p. 52); eine
merkwürdige Uebereinstimmung Burk's mit Schopen-
hauer. Auf dem Gefühl der Lust beruht das Schöne;
nicht was uns Furcht macht, sondern was uns anmutet
und so zum Anschluss und zur Verbindung anreizt, das
wird schön genannt. In dieser subjektiven Weise sucht
Burke das Erhabene wie auch das Schöne zu bestimmen.
Sein Urteil über die Schönheit und Erhabenheit eines
Dinges macht er nicht von dessen objektiven Merkmalen
abhängig, sondern lediglich davon, wie das Subjekt durch
sie sich afficiert fühlt. In diesem Gefühlszustande
kümmert sich aber das Subjekt weder um die Zweckmässigkeit, noch um die Vollkommenheit und Proportionalität des Gegenstandes, sondern allein darum, ob
das Objekt eine fördernde oder hindernde Beziehung
zu den beiden Grundtrieben seiner Natur hat. Je nachdem diese Grundtriebe in Bewegung gesetzt werden,
sind die Objekte bald erhaben, bald schön.

Dieser Theorie, welche die Beweggründe des ästhetischen Urteils aus den stärksten Trieben unserer Natur
abzuleiten versucht, mangelte es nicht an feinen Bemerkungen; auch musste sie einer Zeit zusagen, welche so
stark der Natur huldigte. Sie beweist ferner die Bestrebung des Naturalismus, mehr und mehr auch in das

Gebiet des sittlichen Lebens einzudringen. Die Schwäche dieser Versuche liegt in der Gezwungenheit ihrer Erklärungen; ausserdem verweisen sie uns nur an unbekannte Ursachen, die ja der Naturalismus bei der Begründung der moralischen, wie der physischen Gesetze, nicht entbehren kann. Eines ist zwar diesem Naturalismus gelungen, nämlich die Zersplitterung der moralischen Lehren; denn da er das Wesen der Dinge aus der Mannigfaltigkeit der Anlagen und Vorzüge des Seelenlebens zu bestimmen unternahm, konnte er bald diesen, bald jenen Trieb oder Vorgang zur Gefühlsunterlage für die Begründung seiner ethischen Theorien machen. Der Vernunft wies man aber eine passive Stellung an, durch die sie der Fähigkeit, eigene Werturteile zu bilden beraubt, und zur blossen Handlangerin der Emotionen herabdrückt. (Vrgl. Jodl. op. cit. p. 226, Bd. 1.) Diese Zersplitterung geht nun auch in das Gebiet der Aesthetik über, insofern der Naturalismus den Begriff des Erhabenen und den des Schönen trennt und beide auf verschiedene Prinzipien zurückführt; er kennt nicht ein Schönes im engeren Sinne und hält dementsprechend auch nicht an der Schönheit, als an einem, dem Schönen und Erhabenen gemeinsam übergeordneten Gattungsbegriff fest. Diese Spaltung hat auch Kant in seiner Aesthetik nicht vermieden. Im Gegensatz zu Burke und zu den englischen Sensualisten überhaupt stellt er dem Trieb der Selbsterhaltung die Vernunft, und dem der Geselligkeit den Verstand entgegen. Somit begründet Kant das Schöne und Erhabene nicht durch zufällig angenommene Gefühlsunterlagen, sondern durch etwas Positives. Schön ist für Kant was (in subjektiver Beziehung) ohne Begriff und ohne praktisches Interesse allgemein und notwendig gefällt, (in objektiver Beziehung) die Form der Zweckmässigkeit eines Gegenstandes, sofern sie ohne Vorstellung eines Zweckes wahrgenommen wird; erhaben hingegen „was auch nur denken zu können, ein Vermögen des Gemüts beweist, das jeden Masstab der Sinne übertrifft" (Urth. p. 103). Das Schöne als Verstandesbegriff stellt uns eine formale Zweckmässigkeit dar; das Erhabene geht über unsere Fassungskraft hinaus, und da wir hier die Zweckmässigkeit nicht mehr zu erkennen imstande sind, hat es somit Bezug auf die Unendlichkeit und ist ein Vernunftbegriff[1]). Wenn Burke das Princip des Geschmacks auf übereinstimmende Verstandesgesetze

[1]) Von Kant aus ging dieser Dualismus in die ästhetischen Arbeiten seiner Nachfolger: Krug, Bouterweck, ja auch in die der Hegelischen Schule über; obwohl man hier bemüht war, den Dualismus durch den Trialismus zu ersetzen, konnte man sich doch nicht völlig von dem in der Aesthetik bereits eingebürgerten Dualismus losmachen. (Vrgl. Zeising op. cit. p. 145.) Schiller begründet diesen Dualismus ähnlich wie Kant. Das Erhabene ist zwar auch bei ihm dem Schönen coordiniert, er subordiniert aber doch beide Begriffe noch einem höhern: dem Idealschönen (Vrgl. Schiller's sämmtliche Werke, Bd. XV. p. 280 und 181). Solger in seinem „Erwin" macht Versuch, diesen Gegensatz zu schlichten. Das Erhabene lässt er nur als ein Hinstreben zum Schönen, dieses umgekehrt als ein Hinstreben zu jenem erscheinen, während die volle Schönheit nur in der ununterscheidbaren Mitte beider gefunden werde (Vrgl. Solger, „Erwin". Berlin 1815, p. 243).

Nach Carrière, Herbart, Herder, Hermann, Kirchmann, Siebeck, Thiersch, Unger, Zeising ist die Erhabenheit nur eine Modification des Schönen. Die Art und Weise aber, wie sich das Erhabene zum Schönen verhält, wird von den verschiedenen Autoren verschieden aufgefasst. (Vgl. Fechner, „Vorschule der Aesthetik", Leipzig 1876, Theil II, p. 163.)

In neuester Zeit versuchte Groos in einer Abhandlung der „Philosophischen Monatshefte" pro 1893, p. 531, alles was ästhetisch wirkt, also auch das Schöne und Erhabene, unter dem allgemeinen Begriffe „ästhetisch" zu subordinieren.

zurückführen wollte, so meint Kant dagegen, dass das „eine fruchtlose Bemühung sei; denn das ästhetische Urteil wird nicht durch Begriffe bestimmt, sondern einzig und allein durch das subjektive Gefühl, und kein Begriff eines Objekts kann sein Bestimmungsgrund werden." Die allgemeine Mitteilbarkeit der Empfindung, (des Wohlgefallens oder Missfallens) und zwar eine solche die ohne Begriff stattfindet, die Einhelligkeit, so viel möglich, aller Zeiten und Völker in Ansehung dieses Gefühls in der Vorstellung gewisser Gegenstände, ist das empirische, wiewohl schwache und kaum zur Vermutung zureichende Kriterium der Abstammung eines so durch Beispiele bewährten Geschmacks von dem tief verborgenen, allen Menschen gemeinschaftlichen Grunde der Einhelligkeit in Beurteilung der Formen, unter denen ihnen Gegenstände gegeben werden". Geschmack lässt sich daher nicht durch „Uebung erhöhn und verbessern", wie Burke will, sondern muss ein „selbsteigenes Vermögen sein". Wer ein Muster nachahmt, zeigt, insofern er es trifft, „Geschicklichkeit", Geschmack aber nur insofern er diesen selbst zu beurteilen vermag. Hieraus folgt nun, „dass das höchste Muster, das Urbild des Geschmacks eine blosse Idee sei (ein Vernunftbegriff), die jeder in sich selbst hervorbringen muss, und danach er alles, was Objekt des Geschmacks, was Beispiel der Beurteilung durch Geschmack sei, und selbst den Geschmack von jedermann beurteilen muss". (Urth. p. 79.) Auf diesem Wege unserem Philosophen weiter zu folgen, ist nicht nötig, weil schon aus diesem Gegensatz zur Genüge hervorgeht, dass Kant zur Begründung des ästhetischen Urteils nicht zu willkürlichen und nicht weiter bestimmbaren „ästhetischen Sinnen" seine Zuflucht nimmt, sondern der Vernunft auch hier das ihr gebührende Recht einraumt. Wenn demnach von einem Einfluss Burke's auf Kant die Rede sein kann, so bedeutet das so viel, dass Kant gewisse negative Bestimmungen von Burke acceptiert hat, diese aber unter positive, allgemein gültige und notwendige Vernunftgesetze stellt. Eine solche Beeinflussung findet sich, wie schon anderwärts erwähnt, besonders in der Analytik des Erhabenen; in der Analytik des Schönen erinnert nur die Feststellung der Bestimmungen dieses Begriffs an Burke. Auch Burke bestreitet die Ansicht, dass der Begriff der Proportion, die aus der Vergleichung mehrerer Verhältnisse entsteht, auf irgend eine Weise als der Grund der Schönheit angesehen werden könne. Die Schönheit ist kein Begriff, der sich auf Messungen bezieht, „sie hat gewiss nichts mit Rechnungskunst und Geometrie zu thun" (p. 145). Was sich auf Proportion gründet ist nicht Schönheit, sondern durch sie wird nur die Gattung bestimmt, denn weil „durch das Mass und Verhältniss der Teile sich eine Gattung der Tiere von der anderen unterscheidet, so muss freilich jedes Ding, das in seiner Gattung schön sein soll, die Masse und Proportionen seiner Gattung haben, weil sonst es von dem allgemeinen Begriffe derselben abweichen würde, und auf gewisse Weise ungeheuer wird". Diese Proportionen sind aber bei keiner Gattung so fixiert, dass es unter den Individuen nicht noch beträchtliche Abänderungen geben könnte, und unter diesen Abwechslungen in der Proportion, die jede Gattung zulässt, ohne das Gemeinschaftliche ihrer Form zu verlieren, ist keine, bei der sich nicht Schönheit finden liesse. (p. 157.) In einer und derselben Gattung können sich Individuen von sehr verschiedenen Massverhältnissen und doch gleicher Schönheit befinden, und umgekehrt, können mehrere Individuen einer Gattung, bei aller Gleichheit der Proportionen, an Schönheit sehr verschieden sein. Wie weit weichen nicht die Verhältnisse bei dem männlichen und weiblichen Körper von einander ab, und doch sind beide Geschlechter der Schönheit fähig (p. 154). Die Proportion macht nicht Schönheit; sie ist nur ein Moment im Schönen.

Die Ideen, welche Burke unter der Kategorie der Schicklichkeit, d. h. in seinem Sprachgebrauch, Zweckmässigkeit vorbringt, weisen schon ganz auf Kant hin. Wenn das Wesen der Schönheit nicht auf der Proportion beruht, so kann es noch weniger in der Zweckmässigkeit liegen, um derentwillen man ja auch die Proportion als Grund der Schönheit ansah. Denn wenn die Zweckmässigkeit die Schönheit ausmachen würde, so „müsste die keilförmige Schnauze eines Schweines mit ihren zähen Knorpeln an der Spitze, müssten seine kleinen tiefliegenden Augen und das ganze Gemächte seines Kopfes, das zu dem Geschäfte desselben, dem Durchwühlen und Umgraben der Erde, so zweckmässig ist, ausnehmend schön sein". Auch müsste der Pelikan wegen seines zweckmässigen grossen Beutels am Schnabel, der Igel wegen seiner stachlichen Haut schön genannt werden. Ebensowenig wird der ästhetischen Beurteilung etwa eines Affen, eines Wolfs, eines Elephanten oder Löwen der Masstab der Zweckmässigkeit zu Grunde gelegt (p. 169). Um also etwas schön zu nennen, braucht man nicht vorerst den Zweck zu kennen; denn der Eindruck, den die Zweckmässigkeit auf uns macht, ist eine blose Billigung, „eine gewisse Befriedigung unseres Verstandes" (p. 174); die Imagination hat aber nichts mit der Zweckmässigkeit des Baues zu thun; diesen zergliedert die Anatomie, die dem Interesse der Schönheit oft gerade entgegengesetzt ist. Auch die Vollkommenheit schliesst Burke von der Schönheit aus, bringt aber dabei nichts besonders Bemerkenswertes

(p. 178). Diese negativen Bestimmungen des Schönen fasst Kant in ihrer ganzen Schärfe zusammen. Er stellt fest, dass die Normal-Idee, die zum Entwurfe eines Ideals nötig ist, nicht von Proportionen, die aus der Erfahrung hergenommen sind, als von bestimmten Regeln abgeleitet ist; sondern nach ihr werden allererst Regeln der Beurteilung möglich. „Sie ist das Bild für die ganze Gattung, welches zwischen allen einzelnen, auf mancherlei Weise verschiedenen Anschauungen der Indivuen in der Mitte schwebt. Sie ist ein Bild, welches die Natur ihren Erzeugungen in derselben Spezies zwar untergelegt, aber in keinem einzelnen Individuum völlig erreicht zu haben scheint. Die Normal-Idee ist noch keineswegs das Urbild der Schönheit selbst in dieser Gattung, sondern nur ihre Form, welche die unnachlässliche Bedingung aller Schönheit ausmacht, mithin bloss die Richtigkeit in Darstellung der Gattung". (Urth. p. 83). Die Zweckmässigkeit und Vollkommenheit schliesst Kant auch von der Schönheit aus. Er begründet dies wie folgt: Wenn wir objektive Zweckmässigkeit an einem Dinge beurteilen wollen, so muss stets der Begriff von einem Zwecke vorausgehen, wozu das Ding dienen soll. Dieses findet sowohl bei äusserer Zweckmässigkeit, d. i. Nützlichkeit, als auch bei innerer, d. i. Vollkommenheit eines Gegenstandes, statt. Nun ist aber die Schönheit davon ganz verschieden, weil man gar keinen Begriff von einem Zwecke nötig hat, um ein Ding als schön zu beurteilen. Dennoch suchte man, meint Kant, eine Aehnlichkeit zwischen Schönheit und Vollkommenheit, und glaubte, dass die erste eine undeutliche, verworrene Vorstellung der Vollkommenheit sei. Um aber die Unrichtigkeit dieses Gedankens einzusehen, braucht man nur zu bedenken, dass alle Begriffe, mögen sie verworren oder deutlich gedacht werden, vor den Verstand oder das Vermögen der Erkenntnis aus Begriffen gehören; dass hingegen das ästhetische Urteil ganz und gar keine Begriffe voraussetzt, sondern nur aus dem Gefühle der Zweckmässigkeit in der Einstimmung der Einbildungskraft und des Verstandes entsteht. Man kann zwar bei der Beurteilung der Schönheit eines Gegenstandes auch auf gewisse Zwecke Rücksicht nehmen, alsdann ist aber die Schönheit keine freie, sondern eine anhängende und das Geschmacksurteil wird unrein. Es giebt nämlich nach Kant zweierlei Arten von Schönheit: freie (pulchritudo vaga) und anhängende Schönheit (pulchritudo adhærens). Die freie Schönheit setzt keinen Begriff von dem voraus, was der Gegenstand sein soll. Die anhängende Schönheit aber setzt einen solchen Begriff und die Angemessenheit des Gegenstandes an diesen Begriff voraus. Die freie Schönheit ist eine für sich bestehende Schönheit dieses oder jenes Dinges. Die andere ist aber eine bedingte Schönheit, die einem Begriffe anhängt.

Blumen sind freie Naturschönheiten. Was eine Blume für ein Ding sein soll, darüber ist nur der Botaniker sich völlig klar. Und selbst der Botaniker, der das Befruchtungsorgan der Pflanze erkannt, nimmt doch auf diesen Naturzweck ganz und gar keine Rücksicht, sobald er über die Blume mit Geschmack urteilt. Es wird also keine Vollkommenheit von irgend einer Art, keine innere Zweckmässigkeit, auf welche sich etwa die Zusammensetzung des Mannigfaltigen bezöge, diesem Urteile zu Grunde gelegt. Viele Vögel, der Papagei, der Colibri, der Paradiesvogel, eine Menge Schalthiere des Meeres sind freie, für sich bestehende Naturschönheiten, die gar keinem nach Begriffen in Ansehung seines Zwecks bestimmten Gegenstande zukommen, sondern frei und für sich gefallen. So bedeuten die Zeichnungen à la grecque, das Laubwerk zu Einfassungen oder auf Papiertapeten nichts; sie stellen nichts vor, kein Objekt unter einem bestimmten Begriffe, und sind ganz freie Schönheiten. Man kann auch das, was man in der Musik Phantasien ohne Thema nennt, ja, die ganze Musik ohne Text, zu dieser Art zählen.

In der Beurteilung einer freien Schönheit der blossen Form nach, ist das Geschmacksurteil rein. Es ist kein Begriff von irgend einem Zwecke, vorausgesetzt, wozu das Mannigfaltige in dem gegebenen Objekte dienen, und was dieses also vorstellen solle. Denn dadurch würde die Einbildungskraft, die bei der Beobachtung des Gegenstandes gleichsam spielt, in ihrer Freiheit beschränkt werden.

Die Schönheit eines Menschen, und unter dieser Art, die Schönheit eines Mannes, Weibes oder Kindes; die Schönheit eines Pferdes, eines Gebäudes, — sei es nun als Kirche, Palast, Arsenal oder Gartenbau — diese Schönheit setzt den Begriff vom Zwecke voraus, welcher bestimmt, was das Ding sein soll, mithin also einen Begriff seiner Vollkommenheit, und ist daher bloss anhängende Schönheit. Das Urteil darüber ist kein rein ästhetisches, sondern ein mit logischen Ingredienzen vermischtes Urteil. Wer bei einem Palaste bloss auf die Schönheit Rücksicht nimmt, wird ihn oft ganz anders beurteilen, als derjenige, welcher zugleich seinen Zweck vor Augen hat, und die Lage desselben, seine Bauart, die Festigkeit seiner Wände u. s. w. in Anschlag bringt. Der letztere beurteilt nicht bloss die Schönheit, sondern auch die Nützlichkeit des Objekts. Nun kann zwar das Wohlgefallen aus Begriffen des Nützlichen und Guten nicht selten mit dem ästhetischen Wohlgefallen verbunden werden, und es ist nicht zu leugnen, dass **da**, wo dies angeht, der Geschmack mehr fixiert wird. Er wird dadurch gewissen Regeln unterworfen, die aber doch, bei Lichte besehen, nicht sowohl Regeln des Geschmacks, als vielmehr der Vernunft heissen müssen. Es ist hier eine blosse Vereinbarung des Geschmacks mit der Vernunft, d. i. eine Vermählung des Schönen mit dem Guten vorhanden. Eigentlich aber gewinnt weder die Schönheit durch die Vollkommenheit, noch die Vollkommenheit durch die Schönheit, sondern es gewinnt nur das gesammte Vermögen der Vorstellungskraft, wenn beide Gemütszustände, der logische und ästhetische, welche bei der Beurteilung der Schönheit und der Vollkommenheit thätig sind, zusammenstimmen. Ein mit dem Begriffe eines Zwecks verbundenes Geschmacksurteil kann nicht rein sein. In Ansehung eines Gegenstandes von bestimmtem inneren Zwecke würde ein Geschmacksurteil nur dann rein sein, wenn der Urteilende entweder von diesem Zwecke keinen Begriff hätte, oder doch in seinem Urteile ganz und gar davon abstrahierte. Obgleich dieser alsdann ein richtiges Geschmacksurteil fällen würde, da er den Gegenstand als freie Schönheit beurteilte, so würde er doch vielleicht von einem anderen, der auf den Zweck des Gegenstandes sieht und also die Schönheit an ihm nur als anhängende Beschaffenheit betrachtet, getadelt und eines falschen Geschmacks beschuldigt werden. Gleichwohl könnten beide in ihrer Art ganz richtig urteilen. Der eine urteilte nämlich nach dem, was er vor den Sinnen, der andere nach dem, was er in Gedanken hat. Der erste hat ein reines, der zweite ein angewandtes ästhetisches Urteil gefällt (Vrgl. Urt. § 15 und 16, p. 72 und 76).

Wie Burke erklärt demnach auch Kant, dass die Proportion die Gattung bestimmt, nicht aber das Wesen des Schönen ausmacht. Auch er meint, dass das Schöne weder von der Vollkommenheit, noch von der Zweckmässigkeit abhängig gemacht werden kann. Endlich hat Burke sehr wohl gefühlt, dass das Wohlgefallen am Schönen etwas ganz anderes sei, als die Begierde oder sinnliche Lust, die er definiert als das „heftige Bestreben der Seele, dasjenige zu besitzen, was ihr nicht als schön, sondern aus ganz anderen Ursachen gefällt. Wir können eine grosse Begierde nach dem Besitze eines Frauenzimmers von geringer Schönheit haben; da hingegen die vollkommenste Schönheit einer Mannsperson, oder eines Tieres, ob sie gleich Liebe erregt, doch nicht das geringste von einer Begierde erweckt" (p. 142). Kant hält an diesen Gedanken Burke's fest und sucht zu beweisen, dass das Wohlgefallen am Schönen nicht nur von aller Begierde frei, sondern dass es überhaupt interesselos sei. (Vergl. Urth. § 2, p. 44.) Freilich in der Begründung ihrer Ansichten haben Kant und Burke nichts mit einander gemein. Wenn sich der Einfluss Burke's auf Kant hier auf die Feststellung des Schönheitsbegriffs beschränkt, so wird er in der Behandlung des Erhabenen hervorstechender. Es mag dies auch mit dem Umstande in Verbindung gebracht werden, dass die Analyse des Erhabenheitsbegriffs bei Kant mehr durch psychologische Gesichtspunkte bedingt ist, als die tiefe metaphysische Auffassung des Schönen.

Werfen wir nun einen Rückblick auf die geschichtliche Entwicklung des Erhabenheitsbegriffs bis Burke so sehen wir, dass sie im Wesentlichen auf den von Longin gefundenen Merkmalen beruht. Diejenigen Aesthetiker aber, die nach Burke über diesen Gegenstand schrieben, stehen, wie wir sahen, unter dem Einfluss Burke's; ihre neuen Bestimmungen sind meist vereinzelt und ohne Zusammenhang mit anderen, für diesen Begriff viel wichtigeren Merkmalen. In Burke finden sich alle Elemente des Erhabenen zusammengefasst, so dass die Bemerkung Hettner's: „Dass die spätere Wissenschaft wenig neues hinzuzufügen wusste", vollkommen richtig ist („Geschichte der englischen Literatur", Braunschweig 1872, Bd. I., p. 440), wenn man nur die psychologische Seite des Problems im Auge hat. Freilich messen die späteren Philosophen diesen Ausführungen Burke's einen sehr verschiedenen Wert bei, je nach den verschiedenen Auffassungsweisen der einzelnen Denker, und nicht weniger auch nach den verschiedenen philosophischen Richtungen, denen sie angehörten. Kant hat nun diese Elemente des Erhabenen von Burke auch angenommen und sie im Sinne seiner subjektivistischen Gedankenrichtung seinem Systeme einverleibt. Im Folgenden sollen die Gedanken Burke's über das Erhabene, soweit sie auf Kant eingewirkt oder ihn zu seiner selbstständigen Auffassung angeregt haben, dargelegt werden.

Der Unterschied zwischen dem Schönen und dem Erhabenen, den schon ältere Aesthetiker, wie Longin, gelegentlich andeuten, wird von Burke zum ersten Mal in seiner ganzen Schärfe erfasst. Er gründet diesen Unterschied nicht nur auf die Verschiedenheit der beiden erwähnten Triebe im Menschen, sondern unterscheidet das Erhabene auch seinem äusseren Wesen nach vom Schönen. So meint er, dass die erhabenen Gegenstände stets von grossen Dimensionen, die schönen aber vergleichungsweise klein seien. Ferner: „das Schöne muss glatt und polirt, das Grosse rauh und nachlässig sein. Schönheit muss die gerade Linie vermeiden oder doch durch unmerkliche Stufen von ihr abweichen; das Grosse liebt in vielen Fällen die geraden Linien, und wo es abweicht, da macht es oft starke und plötzliche Abweichungen. Das Schöne darf nicht dunkel, das Erhabene muss zuweilen düster und finster sein. Das Schöne muss leicht, behend und zart, das Erhabene muss fest, standhaft und sogar massiv sein". (p. 206.) Derartige vergleichende Bemerkungen finden sich unabhängig von Burke auch bei Kant. (Vergl. § 23, p. 95).

Bei Kant erinnert nicht nur die Einteilung in das Mathematisch- und Dynamisch-Erhabene, wenn auch indirekt, an Burke [1]), sondern auch in der Namenerklärung des Mathematisch-Erhabenen finden sich bei ihm vielfach Anklänge an Burke, so dass man annehmen kann, dass Kant zu dieser mathematisch-ästhetischen Untersuchung durch Burke angeregt worden ist. Bevor wir aber auf diesen Punkt näher eingehen, sollen noch etliche vorbereitende Gedanken Burke's, betreffend seiner Auffassung des Erhabenen, erwähnt werden. Burke stimmt mit seinen Vorgängern darin überein, dass er das Erstaunen als die Wirkung des Erhabenen in seinem höchsten Grade bezeichnet. Die geringeren Wirkungen desselben sind: Bewunderung, Hochachtung und Ehrfurcht. Dieses Erstaunen wirkt aber in dem Betrachter eine gewisse Furcht oder Schrecken, die für Burke hervorragende Quellen des Erhabenen sind, weil sie in der Voraussicht von Schmerz oder Tod bestehen, und weil ihre Wirkung dem gegenwärtigen Schmerz ähnlich ist. „Was also unter Gegenständen des Gesichts schrecklich ist, das ist auch erhaben: es mag nun zugleich Grösse der Ausdehnung haben oder nicht. Denn es ist unmöglich, irgend etwas, das gefährlich ist, als klein und verächtlich anzusehen." So giebt es verschiedene Arten von Tieren, die, obwohl klein, doch die Wirkung des Erhabenen hervorrufen können, weil sie als fürchterliche Tiere angesehen werden, wie z. B. die Schlangen [2]). Wenn zu den Dingen von grossen

[1]) Siehe pag. 17 dieser Schrift.
[2]) Diese und andere interessante Beobachtungen Burke's haben ausser Kant besonders auch Vischer mannigfaltige Anregungen zu seinen Untersuchungen gegeben. (Vergl. Vischer, Aesthetik, Bd. I, p. 227, 245, 249.)

Dimensionen noch die Idee des Schrecklichen hinzukommt, so sind sie bedeutend erhabener. So übt die Aussicht auf eine weitausgedehnte Ebene bei weitem nicht eine so mächtige Wirkung auf die Seele aus, wie etwa der Anblick des Oceans. Es kann dies zwar von mehreren Ursachen herrühren; die allerwichtigste ist aber die, „dass der Ocean ein in hohem Grade schrecklicher Gegenstand ist. Denn der Schrecken ist in allen Fällen ohne Ausnahme, bald sichtbarer, bald versteckter, das herrschende Principium des Erhabenen". Burke stellt also fest, dass Furcht und Schrecken ästhetisch wirken können. Um aber einen Gegenstand schrecklich erscheinen zu lassen, dazu ist jedesmal Dunkelheit nötig. Das Dunkel ist also ein neues von Burke gefundenes Merkmal des Erhabenen. Denn nur wenn wir die Grenzen und den genauen Umfang einer Gefahr nicht kennen, ist es, wie er meint, möglich, dass sie uns schrecklich erscheine; wenn wir uns an den Anblick eines schrecklichen Gegenstandes gewöhnt haben, so ist der grösste Teil der Furcht verschwunden. Diesen Umstand wissen wohl diejenigen despotischen Regierungsformen zu benützen, die auf die Leidenschaften der Menschen, und besonders auf die Leidenschaft der Furcht gebaut sind, indem sie ihr Oberhaupt vor den Augen des Volks verborgen halten. Auch ist dieser nämliche Kunstgriff in vielen Religionen gebraucht worden. So waren beinahe alle heidnischen Tempel dunkel [1]). Aber nicht

---

[1]) Angeregt durch Burke, sagt auch Schiller von der Finsterniss, „dass sie schrecklich ist und eben darum zum Erhabenen tauglich. Sie ist aber nicht an sich selbst schrecklich, sondern weil sie uns die Gegenstände verbirgt, und uns also der ganzen Gewalt der Einbildungskraft überliefert. Sobald die Gefahr deutlich ist, verschwindet ein grosser Teil der Furcht. Der Sinn des Gesichts, der erste Wächter unseres Daseins, versagt uns in der Dunkelheit seine Dienste, und wir

nur diese objektive Dunkelheit, sondern auch die, welche sich subjektiv darstellen lässt, ist des Erhabenen fähig. Je klarer die Begriffe von den dargestellten Gegenständen sind, desto ungeeigneter sind sie für den Eindruck des Erhabenen. Auf diesen Grundsatz sich stützend, urteilt Burke, dass die Malerei, in der wir alles bis ins einzelnste vor uns sehen, nicht denselben starken Eindruck hervorbringen kann, wie eine Beschreibung durch Worte. Diese, sei sie noch so lebhaft und malerisch abgefasst, kann uns doch nur eine sehr dunkle und unvollkommene Idee von dem behandelten Gegenstand geben und demgemäss viel erhabener wirken. Demnach hat die Dicht- und Redekunst gerade wegen der Unbestimmtheit, deren sie fähig ist, eine weit allgemeinere und weit stärkere Herrschaft über unsere Leidenschaften als die Malerei. Die Thatsache, dass eine dunkle Idee rührender ist als eine klare, erklärt Burke durch unsere Unwissenheit von den Dingen [1]), woraus alle unsere

fühlen uns der verborgenen Gefahr wehrlos blossgestellt. Darum setzt der Aberglaube alle Geistererscheinungen in die Mitternachtsstunde, und das Reich des Todes wird vorgestellt als ein Reich der ewigen Nacht." (Schiller op. cit., p. 243.) Vergl. dazu noch eine andere Stelle von Burke (p. 238), wo er die Meinung Locke's über das Fürchterliche der Dunkelheit prüft.

[1]) Humboldt, der diese Beobachtung Burke's in seinem Kosmos (Bd. I., p. 20) anführt, bestreitet die Besorgnis, als ob „bei jedem Forschen in das innere Wesen der Kräfte, die Natur von ihrem Zauber, von dem Reize des Geheimnissvollen und Erhabenen verliere". Dagegen glaube ich nun, dass Vischer recht hat, wenn er behauptet, „dass das Erhabene nichts weniger duldet, als ein mikroskopisches Sehen und Behandeln. Es gilt ferner, dass der Verstand, sofern er in dem ästhetischen Sehen und Darstellen implicite mitbeteiligt, nichts mehr zu scheuen hat, als motiviren ins Kleine, wo es Erhabenheit gilt". .... Für Kammerdiener giebt es keine Helden."" (Vischer op. cit. p. 230; Vrgl. auch Kant, Urth., p. 129.)

Bewunderung entsteht, „und wodurch vornehmlich alle unsere Leidenschaften erregt werden". Eben aus diesem Grunde üben die Vorstellungen von Ewigkeit und Unendlichkeit einen so erschütternden Eindruck auf unsere Seele. Denn ein Gegenstand kann kaum unsere Seele durch seine Grösse rühren, „wenn er sich nicht einigermassen der Unendlichkeit nähert; und dieses kann kein Ding, dessen Grenzen wir wissen; aber die Grenzen eines Dinges wissen, ist eben soviel, als es deutlich erkennen". Nicht also durch klare, sondern durch eine Menge grosser und in Unordnung gehäufter Bilder wird das Gemüt bewegt, durch Bilder, die eben, weil sie in Unordnung sind, einen tieferen Eindruck machen, als wenn man die Grössen bestimmt von einander trennen würde. Die Natur mit ihren dunklen, verworrenen und ungewissen Bildern hat über unsere Phantasie eine grössere Gewalt, als klare und bestimmte Vorstellungen (vergl. Burke, p. 83 ff). Dieser Gedanke deckt sich völlig mit der Behauptung Kant's, dass wir die Erhabenheit auch an einem formlosen Gegenstand finden, „sofern Unbegrenztheit an ihm oder durch dessen Veranlassung vorgestellt und doch Totalität desselben hinzugedacht wird" (Urth. p. 96). Burke spricht allerdings an den citierten Stellen noch nicht von der Notwendigkeit, dass die Totalität des betrachteten Gegenstandes hinzugedacht werden müsse, damit die Wirkung des Erhabenen vollständig werde. Er stellt aber im weiteren Verlauf seiner Untersuchung auch die Forderung an das Erhabene, indem er verlangt, dass: „jedes Ding, was durch seine Ausdehnung erhaben werden soll, ein Einziges einfaches Ganze sein muss". (Burke, p. 229).

An anderer Stelle sahen wir, dass Burke die Grösse der Ausdehnung unter die Eigenschaften rechnet, die erhaben wirken können; er untersucht auch zugleich die

Frage, welche Dimension durch ihre Grösse den stärksten
Eindruck bewirkt. Das Resultat, zu welchem er gelangt,
ist, dass unter den verschiedenen Ausdehnungen die
Länge die geringste Wirkung thut: „Hundert Ellen auf
ebenem Boden, machen bei weitem nicht denselben Eindruck, als ein hundert Ellen hoher Turm, Fels oder
Berg". Auch bemerkt Burke richtig, dass uns die
Höhe weniger als die Tiefe, oder was dasselbe ist, als
ein ebenso grosser Abgrund rührt ¹). Burke ist auch
hier der erste, welcher solche Untersuchungen anstellte;
Kant macht unter Burke's Einfluss dieselben Beobachtungen in seiner Abhandlung von 1764, und ich glaube
auch, dass seine wissenschaftliche Namenerklärung des
Erhabenen auf Grund dieser Anregung durch Burke
zustande gekommen ist. Diese Thatsache wird vielleicht
einleuchtender, wenn wir in diesem Ideenzusammenhange
das Unendliche als eine neue Quelle des Erhabenen
bei Burke näher ins Auge fassen. Das Unendliche,
meint Burke, „erfüllt die Seele mit derjenigen Art angenehmen Schreckens, welche die eigene Wirkung und

¹) Schiller hat eben diese Thatsachen im Auge, wenn
er erklärt, „dass die Höhen durchaus erhabener erscheinen als
gleichgrosse Längen, woran der Grund zum Teil darin liegt,
dass sich das Dynamisch-Erhabene mit dem Anblick der ersteren
verbindet. Eine blosse Länge, wie unabsehlich sie auch sei,
hat gar nichts Furchtbares an sich, wohl aber eine Höhe, weil
wir von dieser herabstürzen können. Aus demselben Grunde
ist eine Tiefe noch erhabener als eine Höhe, weil die Idee
des Furchtbaren sie unmittelbar begleitet. Soll eine grosse
Höhe schreckhaft für uns sein, so müssen wir uns erst hinauf-
denken und sie also in eine Tiefe verwandeln". (Schiller,
op. cit. p. 324). Vischer stellt ähnliche Betrachtungen an
und sucht ihre Richtigkeit aus den Begriffen selbst abzuleiten;
demnach soll die Höhe „bald ruhig erhebend, bald drohend
wirken, unruhig und erschütternd die Tiefe, erweiternd und
Sehnsucht erregend die Breite." (Vischer, op. cit. p. 234.)

das sicherste Merkmal des Erhabenen ist." Nun giebt es unter den Gegenständen der Sinne keine, die unendlich sind; wohl giebt es aber solche, die unendlich erscheinen, „weil das Auge ihre Grenzen nicht absehen kann; und diese machen eben den Eindruck, als wären sie wirklich ohne Grenzen". Diese Täuschung entsteht auch, wenn die Teile irgend eines grossen Gegenstandes sich so oft wiederholen, dass die Einbildungskraft durch nichts abgehalten wird, diese Reihe noch weiter fortzusetzen. Durch diese mechanische Bewegung wird die Seele veranlasst, die ersten Vorstellungen noch eine Zeit lang zu wiederholen, obwohl ihre Entstehungsursache schon aufgehört hat zu wirken. Nach einer ununterbrochenen Folge gleichförmiger Töne, wie sie ein Wasserfall, oder die Schläge eines Schmiedehammers verursachen, rauscht z. B. das Wasser und schlägt der Hammer noch lange in unserer Imagination fort, nachdem schon längst das Geräusch dieser Dinge selbst aufgehört hat; diese nachträgliche Empfindung wird sich nur nach und nach in unmerklichen Stufen verlieren. Dieses künstlich Unendliche besteht nun aus Succession und Einförmigkeit der Teile; 1) aus *Succession*: „Die Teile müssen so lange und in einer solchen Richtung fortgehen, dass der Eindruck auf den Sinn oft genug wiederholt werde, um die Imagination zu veranlassen, sich noch über ihre wirklichen Grenzen hinaus fortgesetzt zu denken"; 2) aus *Einförmigkeit*, „weil, wenn die Gestalten der Teile sich ändern, die Imagination bei jedem Uebergange sozusagen, aufgehalten wird. Jede Abwechslung macht das Ende einer Vorstellung und den Anfang einer neuen aus; und dadurch wird es unmöglich, sich diese Reihe als ununterbrochen fortgehend vorzustellen, welches allein begrenzten Dingen den Schein von Unendlichkeit geben kann". Auf diesem Grundsatz der Succession und der Einförmigkeit fussend, erklärt Burke z. B. das Grosse und Erhabene der heidnischen Tempel dadurch, dass sie meistenteils in einer länglichen Form gebaut waren und auf jeder Seite eine Reihe gleichförmiger Säulen hatten. Aus eben diesem Grunde thun die langen Gänge in vielen unseren Kathedralkirchen so grosse Wirkung. (Vergl. B u r k e , p. 111. ff.) Wenn wir nun diese Succession und Einförmigkeit in einem Worte zusammenfassen, so ist das nichts anderes, als dasjenige, was K a n t mit der „Auffassung" bezeichnet wissen wollte. Bei Burke entsteht die Auffassung aus dem wiederholten Eindruck des Ganzen auf den Sinn, welcher der Imagination die Veranlassung giebt, die Zusammenfassung (des Ganzen) vorzunehmen. Diese Operation kann aber nur dann ungestört vor sich gehen, wenn die Teile gleich sind, widrigenfalls die künstliche Unendlichkeit, auf welche es allein ankommt, nicht entstehen kann. Wie B u r k e, sieht nun auch K a n t, wie es sich zeigen wird, die Auffassung des Ganzen als eine successive Teilvorstellung an, welche nach seiner Ansicht zwar, als logische Grössenschätzung, auch dann in's Unendliche gehen kann, „wenn die Gestalten der Teile sich ändern", ohne aber, in diesem Falle, erhaben auf unser Gemüt zu wirken. Hingegen geschieht die Zusammenfassung bei K a n t simultan [1]) als ein Postulat der Vernunft; bei B u r k e ist sie bloss ein lucratives Geschäft der Einbildungskraft. Die Ansicht K a n t 's hierüber wird sich klarer aus dem Folgenden ergeben. Die Natur erscheint bei ihm entweder als Grösse oder als Macht. Erscheint sie als Grösse, so wird ihre Erscheinung auf das Erkenntniss-Vermögen, erscheint sie als Macht, so wird ihre Erscheinung auf das Begehrungs-Vermögen bezogen. Dies ist der Grund

---

[1]) Vergl. auch S c h i l l e r, op. cit., p. 313.

der Kantischen Einteilung in das mathematisch und dynamisch Erhabene [1]). Das mathematisch Erhabene beruht nun bei Kant auf dem Begriff der Grösse. Alles was in der Einbildungskraft schlechthin gross ist, mit welchem im Vergleich alles andere klein erscheint, was jeden Masstab der Sinne übertrifft, von uns nicht gemessen, sondern nur als ein Ganzes vorgestellt werden kann, — nennt Kant mathematisch erhaben. Es geht aus dieser Erklärung hervor, dass nicht jede Grösse darum auch erhaben sei. Alle Dinge, die uns irgendwie ent-

---

[1]) Diesen Unterschied wollen viele neuere Aesthetiker nicht gelten lassen, so unter andern: Lotze, Jungmann und v. Hartmann. Sie meinen, dass das mathematisch Erhabene aus einem und demselben dynamischen Process hervorgeht, wie das dynamisch Erhabene und demnach in diesem aufgeht. Dass daneben auch noch ein zweiter von Seidl in seiner schon erwähnten Geschichte des Erhabenheitsbegriffs angeführter Grund massgebend gewesen wäre, nämlich: weil beide Male, sowohl im dynamisch, als auch im mathematisch Erhabenen die negative Lust „in dem übersinnlichen Substrat des Menschen als eines Noumenons" (p. 151) liege, ist nicht einzusehen; denn dieses versteht sich in beiden Arten des Erhabenen von selbst. Die Berechtigung, diese Einteilung anzugreifen, lässt sich kaum bestreiten. Dagegen könnte man jedenfalls eine Einwendung machen, die diese Frage in letzter Instanz doch auf die Einteilung Kant's zurückführt. Wenn man die Kraft bei den Arten des Erhabenen als Ursache zu Grunde legen will, so ist das richtig; nun aber ist die Kraft im dynamisch Erhabenen ihrer Wirkung nach eine andere, als im mathematisch Erhabenen. Im letzteren Falle ist sie negativ oder, besser gesagt, verhält sie sich gegen den Betrachter passiv, im ersten Falle ist sie aber positiv oder aktiv; dort gehört einiges Besinnen dazu, die Kraft zu erfassen und auf sich wirken zu lassen, hier ist sie selbst thätig, überwältigend. Darnach wäre aber wieder eine Einteilung nötig, und zwar müsste man dann das Erhabene einteilen in: 1) ein aktiv-dynamisch Erhabenes und 2) ein passiv-dynamisch Erhabenes, eine Unterscheidung, die sich jedoch mit der nach meiner Ansicht völlig zutreffenden Einteilung Kant's decken würde.

gegentreten, haben eine extensive oder intensive Grösse. Eine Grösse aber lässt sich jederzeit aus sich selbst ohne eine andere weitere Vergleichung als solche erkennen: „wenn nämlich Vielheit des Gleichartigen zusamen eines ausmacht" (Urth. p. 100). Dieser Gedanke erinnert deutlich an die vorerwähnten Auseinandersetzungen Burke's. Zur Bestimmung dieser Grösse aber haben wir stets ein Mass nötig, als die Einheit, wonach das Ganze gemessen wird. Wenn wir nun nach gewissen Zahlbegriffen einen Gegenstand messen, so heisst dieses die mathematische Grössen-Schätzung. Die Grössen-Schätzung kann entweder nach Zahlbegriffen und Verstandesregeln oder nach der blossen Anschauung durch das Empfindungsvermögen geschehen. In jenem Falle ist sie logisch und findet besonders in der Mathematik statt, als einer Wissenschaft von der Bestimmung der Grössen durch Zahl und Mass; im letzteren Falle ist sie ästhetisch und findet überall statt, wo wir die Grössen gleichsam nur mit dem Auge schätzen, ohne zu fragen, wie vielmal die eine als messende Einheit in der andern enthalten sei. Die logische Grössenschätzung kennt kein Maximum. Denn das Zählen und Messen kann ins Unendliche fortgesetzt, und das Grosse kann dadurch zu einem Kleinen werden, weil die Schätzung von dem angenommenen Massstabe abhängt. Nach dieser Bestimmung kann eine endliche Grösse an und für sich nicht über alle Vergleichung gross sein, auch wenn sie noch so gross ist. Denn man kann sich immer noch etwas bei weitem Grösseres wenigstens denken. Das grösste Gebirg ist im Vergleich zur Erde klein, so wie diese im Vergleich zur Sonne und diese wieder im Vergleich mit dem ganzen Sonnensysteme klein ist. In der Natur ist überhaupt nichts, „was nicht, in einem anderen Verhältnisse betrachtet, bis zum Unendlich-Kleinen abgewürdigt werden könnte; und umgekehrt, nichts giebt es so klein, was sich nicht, in Vergleichung mit noch kleineren Massstäben, für unsere Einbildungskraft bis zu einer Weltgrösse erweitern liesse. Die Teleskopien haben uns die erstere, die Mikroskopien die letztere Bemerkung zu manchem reichlichen Stoff an die Hand gegeben" (p. 103), eine Erklärung, die auch aus dem Grunde wichtig ist, weil sie, indem sie sich gegen die folgende Behauptung Burke's richtet, uns auch die Quelle der Anregung des vorerwähnten Gedankens bei Kant zeigt. Burke ist nämlich der Ansicht: „dass das äusserst Kleine in gewissem Masse eben sowohl erhaben sei, als das ausnehmend Grosse. Wenn wir auf die unendliche Teilbarkeit der Materie acht geben; wenn wir das animalische Leben bis in diese unbegreiflich kleinen und doch noch organisirten Atome verfolgen, die dem schärfsten Auge entgehen; wenn wir mit unsern Nachforschungen noch weiter hinab steigen und die Möglichkeit noch um viele Grade kleinerer Tiere, und die ohne Ende abnehmende Stufenleiter des Daseins bedenken, bei welcher sich die Einbildungskraft eben sowohl als die Sinne verlieren, so erstaunen wir über diese Wunder von Kleinheit; wir können den Eindruck dieses äusserst Kleinen von dem Eindruck des Grossen nicht unterscheiden. Das Teilen muss eben so unendlich sein, als das Vermehren, indem man zu der Idee einer absoluten Einheit eben so wenig, als zu der Idee eines vollständigen Ganzen, zu welchem sich nichts mehr hinzusetzen liesse, gelangen kann" (p. 112)[1]). Aller-

---

[1]) Zimmermann, der in seiner Geschichte der Aesthetik die Arbeit Burke's einer wenig schmeichelhaften Kritik unterzieht, geht in seiner Analyse des Erhabenheitsbegriffs nicht destoweniger von diesem Gedanken Burke's aus; auch er glaubt, das Erhabene noch in einem unendlich Kleinen finden zu können. (Zimmermann, „Aesthetik als Formwissenschaft", p. 96).

dings bleiben die Vorstellungsverhältnisse dieselben, ob wir einen regressus oder einen progressus in infinitum vornehmen; nur kann man zum unendlich Kleinen überhaupt nur durch die comprehensio logica gelangen, und Kant meinte vor allem die comprehensio ästhetica (vrgl. auch Lotze, "Geschichte der Aesthetik", p. 330), auf welche er auch den höheren Wert legt. Denn während die logische Grössenschätzung nach beiden Richtungen hin ins Endlose fortschreiten kann, erreicht die ästhetische Grössenschätzung sehr bald ihr Maximum, weil dabei der Gegenstand unter dem bestimmten Bilde eines anschaulichen Ganzen in die Einbildungskraft aufgenommen werden muss. Hierzu gehört aber nicht bloss Auffassung (apprehensio), sondern auch Zusammenfassung (comprehensio). "Mit der Auffassung — sagt Kant — hat es keine Not; denn damit kann es ins Unendliche gehen; aber die Zusammenfassung wird immer schwerer, je weiter die Auffassung fortrückt und gelangt bald zu ihrem Maximum, nämlich dem ästhetisch-grössten Grundmasse der Grössenschätzung. Denn wenn die Auffassung so weit gelangt ist, dass die zuerst aufgefassten Teilvorstellungen der Sinnesanschauung in der Einbildungskraft schon zu erlöschen anheben, indessen dass diese zur Auffassung mehrerer fortrückt, so verliert sie auf einer Seite ebensoviel, als sie auf der andern gewinnt, und in der Zusammenfassung ist ein Grösstes, über welches sie nicht hinauskommen kann" (p. 104). Bei einem schlechthin grossen Gegenstand, wo es dem Gemüt überhaupt an einem sinnlichen Massstabe fehlt, nach welchem die Grösse geschätzt werden könnte, erweitert sich unvermerkt die Vorstellung des Gegenstandes in der Einbildungskraft ins Unendliche, und die Grösse kann von uns auf keine Weise mehr geschätzt werden. Wenn wir z. B. einen Gletscher sehen, dessen Spitzen in die Wolken ragen, so bestrebt sich die Einbildungskraft zunächst, das Mannigfaltige dieser Anschauung aufzufassen, welches ohne Schwierigkeit geschehen kann, denn sie hat dabei nichts weiter zu thun, als die einzelnen Teile der Vorstellung einen nach dem andern besonders sich darzustellen. Aber nun lässt sie sich zweitens auch darauf ein, die ganze Vorstellung zusammenzufassen. Indem sie aber von Teil zu Teil fortschreitet, so verliert sich nach und nach die Vorstellung der ersten Teile wieder, wenn sie die späteren fasst. Für die Zusammenfassung giebt es ein gewisses absolutes Grundmass, über welches hinauszugehen der Einbildungskraft unmöglich ist. Je schwieriger nun diese Zusammenfassung wird, desto grösser wird auch auf der andern Seite das Bestreben der Einbildungskraft, welches gerade auf dieses Zusammenfassen gerichtet ist. Die Schwierigkeiten und das auf ihre Beseitigung gerichtete Bestreben verstärken sich wechselsweise so sehr, dass dadurch die Vorstellung des endlichen Gegenstandes ins Unendliche erweitert wird. Ein anderes Beispiel hierfür entnimmt Kant dem Savary, der in seinen Nachrichten von Aegypten bemerkt: „dass man den Pyramiden nicht sehr nahe kommen, ebensowenig als zu weit davon entfernt sein müsse, um die ganze Rührung von ihrer Grösse zu bekennen. Denn ist das Letztere, so sind die Teile, die aufgefasst werden (die Steine derselben übereinander), nur dunkel vorgestellt, und ihre Vorstellung thut keine Wirkung auf das ästhetische Urteil des Subjekts. Ist aber das Erstere, so bedarf das Auge einiger Zeit, um die Auffassung von der Grundfläche bis zur Spitze zu vollenden; in dieser aber erlöschen immer zum Teil die ersteren, ehe die Einbildungskraft die letztern aufgenommen hat, und die Zusammenfassung ist nie vollständig" (p. 105).

Wie verhält sich nun die Vernunft zu dieser Erweiterung der Einbildungskraft ins Unendliche?

Aus dem theoretischen und praktischen Gebrauche unserer Gemütskräfte wissen wir, dass die Vernunft zu jedem Bedingten das Unbedingte sucht. Bei der ununterbrochenen Reihe von Ursachen und Wirkungen macht die Vernunft die Forderung, dass diese Reihe in einer absoluten Totalität gedacht werden müsse, um entweder zu einem ersten Anfang zu gelangen oder sie durch einen regressus ins Unendliche fortzusetzen. Ebenso verlangt die Vernunft, nach Kant, auch in der praktischen Philosophie ein schlechthin absolutes Moralgesetz, welches zu allen Zeiten und für alle vernünftigen Wesen und unter allen Umständen gilt. Nun stellt die Vernunft in der Beurteilung des mathematisch Erhabenen ebenfalls die Forderung, dass die für die Einbildungskraft unendliche Grösse in einer völligen Totalität, vorgestellt werden solle, „mithin Zusammenfassung in eine Anschauung und für alle jene Glieder einer fortschreitendwachsenden Zahlreihe Darstellung verlangt, und selbst das Unendliche (Raum und verflossene Zeit) von dieser Forderung nicht ausnimmt, vielmehr es unvermeidlich macht, es sich (in dem Urteile der gemeinen Vernunft) als ganz (seiner Totalität nach) gegeben zu denken" (p. 108). Das Unendliche ist aber für Kant schlechthin und nicht bloss comparativ gross. Mit ihm verglichen, erscheint alles andere klein. Dieses Unendliche aber als „ein Ganzes auch nur denken zu können, zeigt ein Vermögen des Gemüts an, welches allen Masstab der Sinne übertrifft. Denn dazu würde eine Zusammenfassung erfordert werden, welche einen Masstab als Einheit lieferte, der zum Unendlichen ein bestimmtes, in Zahlen angebliches Verhältniss hätte, welches unmöglich ist. Das gegebene Unendliche aber dennoch ohne

Widerspruch auch nur denken zu können, dazu wird ein Vermögen, das selbst übersinnlich ist, im menschlichen Gemüte erfordert." (p. 108.)

Es ist klar, dass die Unendlichkeit bei Kant eine ganz andere Bedeutung gewonnen hat, als bei Burke. Dieser lässt die Einbildungskraft in einem mechanischen Schwung gerathen, lässt sie durch eine Art Täuschung sich ins Unendliche erweitern. Nun erweitert sich zwar die Einbildungskraft bei Kant auch ins Unendliche, nicht aber auf Grund einer Täuschung, sondern durch die Wirksamkeit eines übersinnlichen Vermögens in uns. Dieses übersinnliche Vermögen ist die Vernunft, für welche in der ganzen Welt nichts zu gross ist, als dass sie es nicht als Totalität vorstellen könnte. In dieser Stärke des übersinnlichen Vermögens der Vernunft liegt das Gefühl des Erhabenen, nicht im Objekte, durch welches die Vernunft nur in Thätigkeit gesetzt wird. Alle diejenigen Erscheinungen der Natur, durch deren Anschauung die Idee ihrer Unendlichkeit herbeigeführt werden kann, machen das Erhabenheitsgefühl möglich. So liegt nach Kant in dem Anblick grosser Flächen der Stoff zum mathematisch Erhabenen, weil sie den Geist in eine solche Stimmung versetzen, dass er ein lebhaftes Bewusstsein von seiner eigenen übersinnlichen Natur bekommt, gegen welche alles Körperliche klein und unbedeutend ist. Auf andere Weise stellt sich dagegen nach Burke die Unendlichkeit in den Dienst der Erhabenheit. Die Unendlichkeit ist bei ihm wie bei Kant nicht der Zweck, sondern ein Mittel, durch welches wir zum Bewusstsein der Erhabenheit in uns gelangen. Nach Kant giebt nun die Unendlichkeit dem Wahrnehmenden eine Veranlassung, sich seiner eigenen Erhabenheit über die Schranken der Sinnlichkeit bewusst zu werden. Die erste Forderung, welche Burke an die erhabenen Gegenstände stellt, ist, dass sie schrecklich und gefährlich auf uns wirken sollen, denn auf Schrecken und Furcht „die stärksten Bewegungen, deren die Seele fähig ist", will er, wie wir sahen, das Erhabene gegründet wissen (Vrgl. p. 43 dieser Schrift).

Wie ist nun die Unendlichkeit fähig, diese „stärksten Bewegungen der Seele" hervorzubringen? Es ist höchst interessant, die Anschauung Burke's über diesen Punkt kennen zu lernen, um zu sehen, wozu eine einseitige physiologische Erklärung des Erhabenheitsgefühls hat führen können. Nachdem er, wie schon erwähnt, gezeigt hat, wie das Unendliche entsteht, erübrigt ihm, zu beweisen, wie diese Unendlichkeit auf uns wirkt, mit anderen Worten: wie sie im Stande ist, Schrecken und damit Erhabenheit zu bewirken. Er schlägt dazu den von ihm beliebten physiologischen Weg ein. Er geht von den bekannten beiden Theorien des Sehens aus, wonach entweder das Bild auf unserer Netzhaut auf einmal in seinem ganzen Umfange entsteht, oder wir nur sämmtliche Punkte des Gegenstandes einzeln wahrnehmen und sie erst durch die schnelle Bewegung des Auges zu einem Ganzen zusammenfassen. Er kommt zu der Ueberzeugung, dass sowohl im ersten Falle, wenn das ganze Licht auf einmal vom Gegenstande auf das Auge zurückfällt, als auch im zweiten, wenn von jedem Punkte des Gegenstandes ein besonderer Strahl auf die Netzhaut geworfen wird, eine Spannung entsteht. Obwohl nun diese Spannung, welche durch den ersten Lichtstrahl auf der Netzhaut erzeugt wird, von geringer Intensität ist; „so muss doch ein zweiter, dritter, vierter, folgender Stoss die erste Spannung vergrössern, bis sie endlich auf den höchsten Grad steigt: und wenn der ganze Raum des Auges in allen seinen Teilen erzittert, dann muss der Eindruck dem Schmerze sehr nahe kommen, und eben deswegen die Idee von etwas Erhabenem hervorbringen" (p. 226). Auf diese Weise entsteht nach Burke auch die erhabene Wirkung einer Kolonnade aus gleichförmigen Säulen, denn: „sowie Säule auf Säule folgt, so folgt im Auge Schlag auf Schlag und Stoss auf Stoss, bis endlich das Auge, das lange auf einerlei bestimmte Art in Bewegung gesetzt war, ausser Stande ist, seinen Gegenstand sogleich wieder zu verlieren. Und da es durch diese fortgesetzten Erzitterungen sehr gewaltsam ist bewegt worden: so stellt er der Seele den Begriff von etwas Grossem und Erhabenem dar" (p. 234). Auch müssen diese Gegenstände einfach und gleichförmig sein; denn sonst sind die Stösse mehr verdriesslich und beunruhigend, als schmerzhaft und gewaltsam; sie verhindern demnach „durch die plötzlichen Abänderungen ihrer Stärke und ihrer Richtung diejenige volle Spannung, die Art gleichförmiger fortdauernder Anstrengung, mit welcher der starke Schmerz verbunden und welche die Ursache des Erhabenen ist" (p. 228). Die Unendlichkeit verursacht aber Schrecken nicht nur bei Gegenständen des Gesichts, sondern auch bei denen, die wir durch das Ohr wahrnehmen. „Das Rauschen eines Wasserfalls, das Getöse eines Sturmes, das Brüllen des Donners oder des Geschützes, erweckt eine starke und zugleich furchtbare Empfindung in der Seele" (p. 131). Denn so oft das Ohr einen einfachen Schall vernimmt, wird es durch den Luftstoss in eine zitternde Bewegung versetzt, welche die Ursache einer merklichen Spannung ist. Wenn sich nun die Stösse wiederholen, und die Erwartung und Ueberraschung wächst: „so kommt die Spannung nach und nach zu der Höhe, in welcher sie des Erhabenen fähig werden kann; sie gelangt gerade bis an die Grenze des Schmerzes. Selbst, wenn der aussere Schall aufgehört hat, fahren die Gehörwerkzeuge, wenn sie oft hintereinander auf eine ähnliche Weise sind in Bewegung gesetzt worden, noch einige Zeit fort, auf die nämliche Weise zu zittern, was zu der Wirkung der Grösse noch mehr beiträgt" (p. 231). Die Frage, die sich an dieser Stelle von selbst aufdrängt, ist: Wie kann überhaupt Schmerz das Gefühl der Erhabenheit in unserm Gemüt hervorbringen? Burke ist der Ansicht: sowohl Schmerz als auch Gefahr sind „unfähig, uns zu gefallen, wenn sie auf uns zu nahe eindringen, und sind dann bloss und durchaus schrecklich, aber in gewissen Entfernungen und mit gewissen Einschränkungen können sie ergötzend werden" (p. 53). Ein Gedanke den wir schon bei Lukrez in den bekannten Versen ausgesprochen finden:

Suave! mari magno turbantibus aequora ventis.
E terra alterius magnum spectare laborem.
Non quia vexari quenquam est jucunda voluptas.
Sed quibus ipse malis careas qui cernere suave est. [1]

Diese Auffassung Burke's über das Erhabene beurteilt Zimmermann mit den Worten:

„Darnach könnte es offenbar kaum etwas Erhabeneres geben, als vom Strande aus ein Schiff mit Mann und Maus untergehen zu sehen, sich selbst aber dabei recht wohlbehaglich zu fühlen." (op. cit p. 262.) In diesem Sinne hat aber Burke das Sich-in-Sicherheit-fühlen bei der Wirkung des Erhabenen nicht gemeint; denn er erklärt ausdrücklich, dass „weder bei wirklichen, noch

---

[1] Angenehm ist es, wenn auf dem weiten Meere die Winde toben, die grosse Not eines bestürmten Schiffes vom Ufer zu sehen; nicht als ob es ein schmeichelndes Vergnügen wäre, das Leiden anderer zu sehen, sondern weil es angenehm ist, zu sehen, von welchem Elende man selbst befreit ist.

bei erdichteten Unglücksfällen Anderer der Gedanke, dass wir von demselben frei sind, der Grund unseres Vergnügens ist", sondern er betont vielmehr die Notwendigkeit, dass wir selbst ausser Gefahr seien, wenn wir überhaupt an etwas in der Welt Vergnügen finden sollen. Aber es ist ein Trugschluss, wenn man daraus folgert, dass diese Sicherheit des Beobachters vor der Gefahr selbst die Ursache seines Vergnügens sei. „Niemand — fügt er hinzu — ist sich eines solchen Vergnügens bewusst" (pag. 69). Es ist dies nichts anders, als die an den Menschen beobachtete psychologische Thatsache, dass ihr Vergnügen durch Vergleichung mit dem Schmerze Anderer erhöht, der eigene Schmerz aber durch die Vergleichung mit anderen ähnlichen oder vielleicht noch grösseren Schmerzen vermindert wird. Vermittelst der Einbildungskraft leiden wir mit dem Andern mit und sind nur froh, nicht in dasselbe Schicksal verflochten zu sein. Mit dem Moralischen steht freilich diese psychologische Wirkung in keiner Beziehung, sie lässt sich einfach erklären aus dem Gegensatze des Contrastes; opposita juxta se posita magis elucescunt.

Dieses Sich-in-Sicherheit-fühlen beim Genusse des Erhabenen betont nun auch Kant: im dynamisch Erhabenen. Das dynamisch Erhabene entsteht bei Kant, wenn wir die Natur als eine Macht betrachten, die über uns keine Gewalt hat. Grosse Wirkungen in der Natur, zu deren Hervorbringung erhebliche Kräfte nötig sind, vermögen uns in eine erhabene Stimmung zu versetzen, so z. B. der Anblick stürmischer Meere, brennender Vulkane, heftiger Orkane, grosser Wasserfälle etc. Es ist eine Hauptbedingung für die erhabene Wirkung der Natur auf uns, dass ihre Kraft sehr gross sei, so gross, dass dem Menschen jeder Widerstand gegen diese Kraft von vornherein als nutzlos erscheint; denn eben durch das Gefühl der eigenen Ohnmacht gegenüber der allgewaltigen Natur entsteht in uns der Eindruck des Furchtbaren, des Schrecklichen. Die Natur muss, damit sie erhaben auf uns wirke „als furchterregend vorgestellt werden"; aber Kant fügt die Einschränkung hinzu: „dass nicht jeder furchterregende Gegenstand in unserem ästhetischen Urteile erhaben gefunden wird" (Urt. p. 115). Mit dieser Behauptung richtet er sich zugleich auch gegen Burke, welcher in der That der Meinung war, dass jeder furchterregende Gegenstand auch erhaben sein müsse. Bei Kant ist die Natur, als Gegenstand der Furcht betrachtet, nur insoweit erhaben, als wir uns dabei in Sicherheit befinden; wenigstens müssen wir uns in unserer Vorstellung für sicher halten, wenn unser Gemüt für das Gefühl des Erhabenen empfänglich sein soll. Denn in den Fällen, wo wir uns wirklich fürchten, sind wir gar nicht im stande, über das Erhabene zu urteilen. „Der sich fürchtet, kann über das Erhabene der Natur gar nicht urteilen, so wenig als der, welcher durch Neigung und Appetit eingenommen ist über das Schöne." Die Ursache liegt darin, dass die Furcht unser ganzes Bewusstsein erfüllt, so dass wir den gefürchteten Gegenstand fliehen oder vor ihm in eine Angst geraten, die mit dem Gefühle des Erhabenen unvereinbar ist, „denn es ist unmöglich, an einem Schrecken, der ernstlich gemeint wäre, Wohlgefallen zu finden" (Urt. p. 116). Nun können wir aber furchtbare Gegenstände sehr wohl betrachten, ohne uns wirklich vor ihnen zu fürchten. Wenn wir uns nämlich bloss in den Fall denken „da wir ihm etwas Widerstand thun wollten, und dass alsdann aller Widerstand bei weitem vergeblich sein würde" (Urt. p. 115). So z. B. ist es angenehm, vom

Ufer aus das tobende Meer zu betrachten und von dieser Erscheinung gerührt zu werden, vorausgesetzt, dass wir Niemanden in Gefahr wissen und uns selbst in Sicherheit fühlen. Kant erläutert diesen Gedanken folgendermassen: „Kühne, überhangende gleichsam drohende Felsen, am Himmel sich aufthürmende Donnerwolken, mit Blitzen und Krachen einherziehend, Vulkane in ihrer ganzen zerstörenden Gewalt, Orkane mit ihrer zurückgelassenen Verwüstung, der grenzenlose Ocean in Empörung gesetzt, ein hoher Wasserfall eines mächtigen Flusses u. d. gl. machen unser Vermögen zu widerstehen in Vergleichung mit ihrer Macht zur unbedeutenden Kleinigkeit. Aber ihr Anblick wird nur um desto anziehender, je furchtbarer er ist, wenn wir uns nur in Sicherheit befinden" (Urt. p. 116). An einer andern Stelle führt er aus: „Die Verwunderung, die an Schreck grenzt, das Grausen und der heilige Schauer, welcher den Zuschauer bei dem Anblick himmelansteigender Gebirgsmassen, tiefer Schlünde und darin tobender Gewässer, tiefbeschatteter, zum schwermütigen Nachdenken einladender Einöden, u. s. w. ergreift, ist, bei der Sicherheit, darin er sich weiss, nicht wirkliche Furcht, sondern nur ein Versuch, uns mit der Einbildungskraft darauf einzulassen. . . ." (Urt. p. 126.) Man sieht hieraus, dass Kant in fast wörtlicher Uebereinstimmung mit Burke es für unmöglich hält, an etwas Schrecklichem Wohlgefallen zu finden, wenn wir uns nicht in Sicherheit befinden. Ueberhaupt darf nach Kant die Furcht und der Schrecken nicht wirklich auf uns wirken. Diese Empfindungen dienen nur als Mittel, um uns die Ueberlegenheit der Vernunft über die sinnlichen Uebel zu beweisen. Nun scheint aber dieser Auffassung des dynamisch Erhabenen die Thatsache zu widersprechen: „dass wir Gott im Ungewitter, im Sturm, im Erdbeben u. d. gl. als im Zorn, zugleich aber auch in seiner Erhabenheit sich darstellend vorstellig zu machen pflegen, wobei doch die Einbildung einer Ueberlegenheit unseres Gemüts, über die Wirkungen und, wie es scheint, gar über die Absichten einer solchen Macht, Thorheit und Frevel zugleich sein würde. Hier scheint kein Gefühl der Erhabenheit unserer eigenen Natur, sondern vielmehr Unterwerfung, Niedergeschlagenheit, und Gefühl seiner gänzlichen Ohnmacht die Gemütsstimmung zu sein, die sich für die Erscheinung eines solchen Gegenstandes schickt, und auch gewöhnlichermassen mit der Idee desselben bei dergleichen Naturbegebenheit verbunden zu sein pflegt. In der Religion überhaupt scheint Niederwerfen, Anbetung mit niederhängendem Haupte, mit zerknirschten angstvollen Geberden und Stimmen, das einzig schickliche Benehmen in Gegenwart der Gottheit zu sein, welches daher auch die meisten Völker angenommen haben und noch beobachten. Allein diese Gemütsstimmung ist auch bei weitem nicht mit der Idee der Erhabenheit einer Religion und ihres Gegenstandes an sich und notwendig verbunden. Der Mensch, der sich fürchtet, weil er dazu in sich Ursache findet, indem er sich bewusst ist, mit seiner verwerflichen Gesinnung, wider eine Macht zu verstossen, deren Wille unwiderstehlich und zugleich gerecht ist, ist in gar keiner Gemütsfassung, um die göttliche Grösse zu bewundern, wozu eine Stimmung zur ruhigen Contemplation und zwangfreies Urteil erforderlich ist" (Urt. p. 118). Ueber das Walten Gottes in der Natur (im Sturm, Ungewitter etc.) sich hinwegzusetzen, das verriete einen Mangel an derjenigen Ehrerbietung und Achtung, welche wir Gott schuldig sind. Wir müssen vielmehr alle fürchterlichen Begebenheiten der Natur als Strafmittel in einer höheren Hand ansehen und bei ihrer Annäherung uns demütig vor dieser obersten Gewalt beugen. Nun besteht aber die Erhabenheit der Religion nicht in der Furcht, sondern in einer ruhigen Contemplation und einem freien Urteil. „Bewusstsein von der Erhabenheit der Gesinnung bei sich selbst", führt den Religiösen zur Idee der Erhabenheit Gottes. Nur auf solche Weise „unterscheidet sich innerlich Religion von Superstition, welche letztere nicht Ehrfurcht für das Erhabene, sondern Furcht und Angst vor dem übermächtigen Wesen, dessen Willen der erschreckte Mensch sich unterworfen sieht, ohne ihn doch hochzuschätzen, im Gemüte gründet, woraus denn freilich nichts als Gunstbewerbung und Einschmeichelung, statt einer Religion des guten Lebenswandels entspringen kann" (Urt. p. 119 und 120). Diese Ausführungen Kants scheinen besonders auch aus dem Grunde wichtig, weil sie mit den Ansichten Burke's über denselben Gegenstand in direktem Widerspruche steht. Auch hier bezieht sich Kant auf Burke und begründet zugleich seine eigene Ansicht. Burke gelangt zum Verständnis der Erhabenheit Gottes nicht auf diesem contemplativen Wege; nicht das „Vernünfteln", sondern die momentane Fesselung des Gemüts durch den Affekt ist bei ihm ausschlagebend. Wenn bei Kant die Furcht bei der Auffassung des Erhabenen nur vermeintlich war, so ist bei Burke die wirkliche Furcht der Hauptfaktor dieser Erhabenheit. Denn er sagt ausdrücklich: „Wo die Weisheit des Schöpfers die Absicht hatte, dass ein Ding gewisse Neigungen in uns erregen sollte, da liess sie die Erreichung dieser Absicht nicht auf die langsamen und ungewissen Operationen unserer Vernunft ankommen, sondern sie versah das Ding mit Kräften und Eigenschaften, deren Wirkung unserm Verstande und unserm

Willen zuvorkommt, und die, indem sie auf die Sinne und die Imagination den Angriff thun, die Seele fesseln, ehe der Verstand hinzukommen kann, dieser Wirkung beizustehen oder sich derselben zu widersetzen" (Burke, p. 173). Was Burke hier betont, ist die Plötzlichkeit des Affekts, der den Eindruck des Erhabenen umso wirksamer unterstützt, je rascher und unwillkürlicher er sich unseres Gemüts bemächtigt. Ein solcher Affekt ist nun auch die wirkliche Furcht, welche nach Burke mit der Vorstellung der Macht der Gottheit verbunden ist. Denn er ist der Ansicht, dass: „wenn wir die Gottheit betrachten, bloss insofern die Vorstellung von ihr aus den Ideen, von Macht, Weisheit, Gerechtigkeit, Güte, alle in einem Grade genommen, der die Grenzen unseres Verstandes weit übersteigt, zusammengesetzt ist; dass, wenn wir die Gottheit auf diese abstrakte und bloss geistige Art betrachten, unsere Einbildungskraft und unsere Leidenschaften wenig oder gar nicht gerührt werden." Vielmehr sind wir genötigt, um zu diesen reinen Verstandesideen zu gelangen, durch sinnliche Empfindungen uns emporzuarbeiten; erst dann können wir, wie er glaubt, einen Schluss auf die Macht Gottes ziehen. „So also entsteht, wenn wir die Gottheit betrachten, durch die Vermischung seiner Wirkungen mit seinen Eigenschaften, die sich immer, beide zugleich der Seele darstellen, eine Art von sinnlichem Bilde; und dadurch werden diese Eigenschaften fähig, unsere Einbildungskraft zu rühren. Ob nun gleich in unserm deutlichen Begriffe von der Gottheit vielleicht keine seiner Eigenschaften die Oberhand hat, so ist doch in unserer Imagination seine Macht bei weitem die lebhafteste und rührendste. Um von seiner Weisheit, seiner Gerechtigkeit, seiner Güte überzeugt zu werden, ist einiges Nachdenken, einiges Vergleichen nötig; aber um seine

Macht zu empfinden, dürfen wir nur die Augen öffnen. Indem wir uns einen so unermesslichen Gegenstand, als die Welt ist, gleichsam in der Hand einer allmächtigen Kraft und mit der Allgegenwart von allen Seiten erfüllt, vorstellen: so sinken wir in die Ohnmacht und Kleinheit unseres eigenen Wesens zusammen und werden auf gewisse Weise vor ihm vernichtet. Und obgleich die Betrachtung seiner übrigen Eigenschaften unsre Zaghaftigkeit im gewissen Masse wieder ermuntert und unsre Schwachheit aufrichtet, so kann doch alle Ueberzeugung von der Gerechtigkeit, mit welcher diese Macht ausgeübt, und der Güte, mit welcher sie gemildert wird, uns nicht ganz von dem Schrecken befreien, welchen natürlicher Weise eine Gewalt, der nichts widerstehen kann, erregt hatte. Wenn wir uns freuen, so freuen wir uns mit Zittern." (Burke 104.) Sobald wir uns also die Macht der Gottheit als gegenwärtig vorstellen, „so folgt die Furcht notwendig. Aus diesem Grunde hat die wahre Gottseligkeit eine so grosse Mischung von heilsamer Furcht, und muss solche haben." (Burke p. 108.) Wenn wir nun nicht auf diese Weise zu der Erhabenheit Gottes gelangen, sondern „die anbetungswürdige Weisheit Gottes in seinen Werken" durch eine lange Untersuchung zu entdecken trachten, so ist der Eindruck, den wir erhalten, „sowohl in der Art seiner Entstehung, als seiner Beschaffenheit, ganz von demjenigen unterschieden, welcher das Erhabene ohne alle solche Vorbereitungen auf uns macht." (Burke p. 173.)

Dem Raisonnement, dass man sich bei furchtbaren Naturerscheinungen wirklich fürchten, und sich Gott als einen zornigen Richter vorstellen müsse, kann Burke nicht aus dem Wege gehen. Diese Auffassung führt freilich weit ab von der aufgeklärten und vernünftigen Vorstellungsart, der Erhabenheit Gottes, welche nach Kant: „nicht bloss durch seine Macht, die er in der Natur beweist, innige Achtung in uns wirkt, sondern noch mehr durch das Vermögen, welches in uns gelegt ist, jene ohne Furcht zu beurteilen, und unsre Bestimmung als über sie erhaben zu denken." (Urt. p. 120.)

Aber nun ist weiter zu untersuchen, wie Burke und Kant das Wesen des Wohlgefallens am Erhabenen sich vorstellen.

Wie schon an anderer Stelle bemerkt, gründet Burke das Wohlgefallen am Erhabenen auf Schmerz, „wenn er nicht zu nahe auf uns eindringt." Dieses Wohlgefallen nun, welches aus der Sicherheit unseres eigenen Selbst entspringt, ist nach Burke: „nicht ein reines lauteres Vergnügen, sondern mit einer merklichen Unruhe vermischt." (Burke p. 65.) Burke war der erste, welcher diese interessante Entdeckung machte: dass das Erhabene zuerst deprimierend auf uns wirkt, um uns später durch eine besondere Schwenkung des Gefühls über die Depression zu erheben, dass es infolge dessen zuerst verdriesst und dann ergötzt.[1]) Wie kann nun der Schmerz Wohlgefallen bewirken? Diese Frage

[1]) Ich glaube, dass diese Entdeckung mit dem Erwachen des Gefühls für das Romantische in enger Beziehung steht. Im Altertum und im Mittelalter konnte man für dieses Gefühl des Erhabenen, dessen wesentliche Voraussetzung die Sicherheit und Bequemlichkeit des Reisens ist, keinen Sinn haben; auch lagen die Naturwissenschaften zu dieser Zeit noch in ihren ersten Anfängen. Erst im 18. Jahrhundert, nachdem ein neuer wissenschaftlicher Trieb sich rege machte, wagten sich Physiker und Geologen „in die Regionen des Firnenschnees und der Gletschermassen und allmählich wich die Scheu vor den ängstlich gemiedenen Wildnissen, der Bewunderung und zuletzt der Liebe." Da ist es nun Brockes der im vierten Teile seines „Irdischen Vergnügens in Gott" (Hamburg 1743), den Harz schildert, und in der „Betrachtung

beantwortet Burke, indem er von der Voraussetzung
ausgeht, dass die Ruhe und Unthätigkeit, obwohl für
unsere Trägheit angenehm, dennoch in unserm Organismus
Unordnungen anrichten könne, die uns nötigen, wieder
an die Arbeit zu gehen. Denn es ist die Natur der
Ruhe, dass sie alle Teile unseres Körpers schlaff macht,
„wodurch nicht nur die Glieder zu ihren Verrichtungen
ungeschickt werden, sondern auch die Fibern ihre
gehörige Spannung und diejenige Festigkeit verlieren,
die zur Beförderung aller natürlichen Absonderungen
notwendig ist." Arbeit ist aber nicht bloss nötig, um
die groben, sichtbaren Werkzeuge zu ihren Verrichtungen brauchbar zu machen, sondern auch für die zarten
innern Organe, „auf welche und durch welche die Einbildungskraft und vielleicht die übrigen geistigen Kräfte
wirken." Wie nun eine gehörige Anstrengung auf die
Uebung der gröberen Teile unseres Organismus wirkt,
„so giebt eine gewisse Art von Schrecken die Uebung
für die feineren Teile derselben ab." Wenn daher
Schmerz und Schrecken so gemässigt wirken, dass sie

des Blankenburgischen Marmors" sagt: „An manchem Orte
sind der Berge rauhe Höhen recht ungeheuer schön. Die
Grösse kann uns Lust und Schrecken zugleich erwecken."
Auch Addison sagt von den Alpen: „sie seien in so viele
steile Abhänge und Abstürze zerrissen, dass sie die Seele mit
einer angenehmen Art von Schauer erfüllen." (Vrgl. Alfred
Biese „Die Entwickelung des Naturgefühls im Mittelalter
und der Neuzeit", Leipzig 1892, p. 321, Kap. XI. „Das Erwachen des Gefühls für das Romantische.")

Aus dieser Bewunderung der Grösse und Schrecklichkeit
der Natur, die stets mit einigem Grausen vermischt ist, entspringt notwendig das gemischte Gefühl im Erhabenen. Burke
hielt diesen Moment fest, nicht nur für das Erhabene der
Natur, sondern für jedes Erhabene. Es wird vielleicht nun
auch erklärlich, warum Longin nur das eine Moment (der
Lust) im Erhabenen hervorhob, und warum ihm das Moment
der Unlust verborgen bleiben musste.

nicht wirklich und unmittelbar schädlich würden, „wenn der Schmerz nicht bis zur wirklichen Zerüttung der körperlichen Teile gehe, und der Schrecken nichts mit dem gegenwärtigen Untergange der Person zu thun habe; alsdann seien diese Bewegungen, da sie die feineren und gröberen Gefässe von beschwerlichen Verstopfungen reinigen, imstande, angenehme Empfindungen zu erregen; nicht Lust, aber eine Art von wohlgefälligem Schauer, eine gewisse Ruhe, die mit Schrecken vermischt ist." (Burke p. 220 und 223.) Obwohl nun diese Erklärung des Wohlgefallens am Erhabenen, wie ja bekannt ist, zu verschiedenen geistreichen Bemerkungen führte,[1]) bergen sie dennoch einen wahren Kern. Unter andern hat dies Moritz Carrière längst anerkannt; indem er das Wohlgefallen am Erhabenen auch „als eine durch Schmerz vermittelte Lust" bezeichnet, führt er aus: . . . . „Ein warmer Schauer, der durch unsere Glieder rieselt, offenbart dieses Erbeben und das Erheben unserer ganzen Natur in Einem und lässt die im Geist gewonnene Idee auch in der Leiblichkeit nachklingen;" ein Zusatz, der ohne weiteres an Burke erinnert. (Carrière. „Aesthetik" 2. Auflage, Leipzig 1873, Bd. I. p. 133.) Den angeführten Ansichten Burke's nähert sich noch mehr Wundt in seiner streng empirischen und ganz exakten Untersuchung, wenn er anführt, dass „das Erhabene als sinnlichen Hintergrund starke Innervationsempfindungen hat, indem wir die Spannung unserer Muskeln nach der Kraft des Eindrucks zu steigern versuchen. Wo das Erhabene zum Ungeheueren anwächst, da verengen sich reflektorisch die Hautgefässe und

---

[1]) J. Schlegel begleitet diese Auffassung Burke's mit den Worten: dass man in diesem Falle das Erhabene aus der Apotheke kaufen könnte. Zimmermann drückt sich noch drastischer aus, wenn er sagt: dass gegebenen Falls eine Purganz eben so wohltätig wäre wie eine Shakespearische Tragœdie.

bewirken so die sinnliche Empfindung des Schauderns, mit der sich zugleich leise der Affekt der Furcht kombiniert. Darin ist die Hinneigung des Erhabenen zu Unlustgefühlen angedeutet, die es auch als ästhetisches Gefühl schon enthält, insofern in ihm eben die Grenze massvoller Verbindung der Vorstellungen erreicht, oder sogar überschritten wird." (Wundt, "Physiologische Psychologie", 2. Auflage 1880, p. 188.) Diese angeführten Stellen zweier so bedeutender Denker beweisen zur Genüge, dass die Ansicht Burke's nicht so paradox ist wie sie im ersten Augenblicke vielleicht erscheint. Freilich ist nicht alles Vergnügen (sondern nur das physische) in der blossen Sinnlichkeit begründet, und das verkannte Burke. Das Wohlgefallen am Erhabenen wollte er nur auf das Sinnliche gründen, ohne zu bedenken, dass sich in diesem Falle der ästhetische Charakter des Erhabenen ganz und gar verliert. Allein andererseits ist nicht zu verkennen, dass das Vergnügen am Schönen und Erhabenen sich ebenso wenig ohne Sinnlichkeit, als ohne Verstand und Vernunft denken lässt. Kant selbst giebt zu, „dass nicht zu leugnen ist, dass alle Vorstellungen in uns, sie mögen objektiv bloss sinnlich oder ganz intellektuel sein, doch subjektiv mit Vergnügen oder Schmerz, so unmerklich beides auch sein mag, verbunden werden können (weil sie insgesammt das Gefühl des Lebens afficieren, und keine derselben, sofern als sie Modifikation des Subjekts ist, indifferent sein kann); sogar, dass, wie Epicur behauptete, alles Vergnügen und Schmerz zuletzt doch körperlich sei, es mag immer von der Einbildung oder gar von Verstandesvorstellungen anfangen, weil das Leben ohne das Gefühl des körperlichen Organs bloss Bewusstsein seiner Existenz, aber kein Gefühl des Wohl- oder Uebelbefindens, d. i. der Beförderung oder Hemmung der Lebenskräfte, sei; weil das Gemüth für sich allein ganz Leben (das Lebensprinzip selbst) ist, und Hindernisse oder Beförderungen ausser demselben und doch im Menschen selbst, mithin in der Verbindung mit seinem Körper gesucht werden müssen." (Urth. p. 136.) Es ist dies kein Zugeständniss Kant's an materialistische Deutungsweisen, sondern die Thatsache, dass auch bei ihm die Erhabenheit einen Wiederhall im Körper findet, nicht um in demselben unterzugehen, wie bei Burke, sondern sich über denselben emporzuheben und eben durch dieses Sich-lossagen vom Sinnlichen uns die Uebermacht der Vernunft fühlen zu lassen.

Die Unterscheidung zwischen dem Erhebenden und dem Deprimierenden im Gefühl des Erhabenenen hat Kant von Burke acceptiert. Wie dieser, erklärt auch Kant, dass das Wohlgefallen am Erhabenen kein unvermischtes Lustgefühl ist. Seine diesbezüglichen Erläuterungen erinnern stark an die angeführten physiologischen Auseinandersetzungen Burke's, wenn er z. B. erklärt: „Dass das Gefühl des Erhabenen eine Lust ist, welche nur indirekt entspringt, nämlich so, dass sie durch das Gefühl einer augenblicklichen Hemmung der Lebenskräfte und darauf sogleich folgenden, desto stärkeren Ergiessung derselben erzeugt wird . . . . . und das Wohlgefallen am Erhabenen nicht sowohl positive Lust als . . . . . vielmehr negative Lust genannt zu werden verdient" (Urth. p. 96). Man würde aber fehl gehen, wenn man die Lust und Unlust beim Gefühl des Erhabenen in dieser augenblicklichen Hemmung und Ergiessung der Lebenskräfte erblicken wollte. Diese Wirkung des Erhabenen auf die Lebenskräfte beweist nur, dass die Einbildungskraft hier nicht einer spielenden (wie beim Schönen), sondern einer ernsten Beschäftigung obliegt, und dass somit auch die Lust am Erhabenen nicht eine positive, sondern nur eine negative sein kann. Der Prozess der ästhetischen Auffassung des Erhabenen spielt sich nicht im Körper ab, wie Burke meinte, sondern die psychischen Vorgänge sind nur ein schwacher Wiederhall des Erhabenheitsgefühls, welches nach Kant ein Moment des Bewusstseins ist. Das gemischte Gefühl von Lust und Unlust erwächst, wie Kant annimmt, aus einem komplizierten Verhältnisse zwischen unserer Einbildungskraft und unserer Vernunft. So oft uns nämlich die Vernunft eine Idee vorlegt und uns zugleich das Gesetz giebt, diese zu erreichen, wobei wir aber das Gefühl der Unangemessenheit zur Erreichung dieser Idee in uns wahrnehmen, so entsteht ein Gefühl der Achtung gegen dieses Gesetz oder vielmehr gegen die Vernunft, die über alles Sinnliche erhaben ist, und ihre Forderung so weit ausdehnen kann. Es geht hier der nämliche Vorgang vor sich, wie beim Wahrnehmen des Moralgesetzes. Wir fühlen es nicht nur, dass wir zu schwach sind, dieses reine Gesetz der Vernunft so vollkommen zu erfüllen, als es in der Idee gegeben ist; sondern auch die eifrigsten Versuche, ihm nachzukommen, lehren uns doch immer den unendlichen Abstand unserer subjektiven Sittlichkeit von dem objektiven Ideale vollkommener Tugend. Daraus entsteht zuerst ein Gefühl der Unlust über die Macht der Sinnlichkeit, und hierauf ein Gefühl der Achtung gegen das übersinnliche Vernunftsgesetz und gegen unsere Vernunft selbst, die imstande ist, ihre Forderungen so weit über alle Neigungen zu erheben. Diese Achtung gegen unsere eigene Person als ein vernünftiges, freies Wesen, das zu innerer wachsender Sittlichkeit bestimmt ist, ist das moralische Gefühl und bewirkt ein Vergnügen, das alles sinnliche Vergnügen an Reinheit weit übertrifft.

Auf diese Weise entsteht das Gefühl der Achtung gegen uns selbst (in Ansehung unserer Bestimmung) bei Gegenständen des Erhabenen. Die Vernunft enthält die Idee von der Totalität, oder der Zusammenfassung der

Erscheinungen in der Sinnenwelt zu einem Ganzen; sie stellt also diese Forderung an unsere Einbildungskraft in jedem Falle, wenn diese sich damit beschäftigt, grosse Gegenstände zu fassen. Wenn nun die Gegenstände sehr gross sind und durch die Bemühungen der Einbildungskraft sie der Vernunftforderung gemäss in ein Ganzes zu fassen, noch vergrössert werden, so dass die Vorstellung zuletzt ins Unendliche wächst, so fühlt die Einbildungskraft ihre Schranken und Unangemessenheit „in Ansehung der von ihr verlangten Zusammenfassung eines gegebenen Ganzen". (Urth. p. 111.) Dieses muss notwendig ein Gefühl der Unlust in uns rege machen, weil unsere Einbildungskraft sich so vergeblich bemüht. Ihre Bemühungen können mit „einem schnellwechselndem Abstossen und Anziehen, eben desselben Objekts verglichen werden". (Urth. p. 112), denn die Vorstellung zieht die Einbildungskraft unwiderstehlich an, sie ganz zufassen; aber so oft sie sich darauf einlässt, fühlt sie ihre Schwäche und sinkt in sich selbst wieder zurück. Aber auf der anderen Seite wird eben dadurch ein Gefühl der Lust erweckt, indem wir uns bewusst sind, dass wir hier einem Gesetze der Vernunft gemäss verfahren. Die übersinnliche Vernunftbestimmung und ihre Ueberlegenheit über jede sinnliche Grössenschätzung durch Einbildungskraft wird für uns anschaulich und lebhaft, sodass wir ein Gefühl der Achtung vor der Vernunft und unserer eigenen übersinnlichen Natur empfinden. Die Einbildungskraft hat zwar ein Gefühl der Unfreiheit in der empirischen Welt; aber eben dadurch bekommt sie eine Idee von Erweiterung und Macht, welche sie hoch über den gewöhnlichen Zustand erhebt, denn sie empfindet, dass der Mensch als übersinnliches Wesen über die ganze Sinnenwelt erhaben ist. „Das Gefühl des Erhabenen ist also ein Gefühl der Unlust auf Grund der Unangemessenheit der Einbildungskraft in der ästhetischen Grössenschätzung, für die durch die Vernunft, und eine dabei zugleich erweckte Lust aus der Uebereinstimmung eben dieses Urteils der Unangemessenheit des grössten sinnlichen Vermögens zu Vernunftideen, sofern die Bestrebung zu denselben doch für uns Gesetz ist". (Urth. p. 112.) Wie nun beim mathematisch Erhabenen, so auch im dynamisch Erhabenen, beweist die Einbildungskraft und Vernunft auf ähnliche Weise ihre Wirksamkeit. Die Einbildungskraft wird von der Vorstellung der grossen Macht der Natur in Bewegung gesetzt, welche uns durch die Unwiderstehlichkeit ihrer Macht unsere physische Ohnmacht zu erkennen giebt. In diesem unserem Unvermögen zur Ueberwältigung der Naturerscheinungen liegt ein Gefühl der Unlust. Nun entdeckt aber eben diese „sinnliche Ohnmacht" in uns ein Vermögen, uns von der Natur unabhängig zu beurteilen „und eine Ueberlegenheit über die Natur, worauf sich eine Selbsterhaltung von ganz anderer Art gründet, als diejenige ist, die von der Natur ausser uns angefochten und in Gefahr gebracht werden kann, dabei die Menschheit, in unserer Person unerniedrigt bleibt, obgleich der Mensch jener Gewalt unterliegen müsste." (Urth. p. 117). Der Anblick fürchterlicher und Gefahr drohender Naturerscheinungen, die durch sie bewirkt werden können, erfüllt uns mit einer ungewöhnlichen Seelenstärke, so dass wir nunmehr das, wofür wir sonst besorgt sind: äussere Güter, Gesundheit und Leben als gering ansehen. Denn die Vernunft sagt uns, dass Wirkungen, die wir zunächst schaudernd wahrnehmen, bloss die Sinnenwelt betreffen können, und dass das Uebersinnliche unserer Natur, welches sich durch die Thätigkeit der Vernunft kenntlich macht, davon unberührt bleibt. Die Empfindung dieses Vermögens, uns von der Natur unabhängig erhalten zu können, macht einen tieferen Eindruck auf uns und stimmt die

Seele zu demjenigen Ernste, welcher notwendig mit dem Gefühle der Erhabenheit vermischt sein muss. Die Unlust also, welche durch die Beschränkung der Einbildungskraft entstand, wird durch das Selbstbewusstsein unserer übersinnlichen Natur wieder aufgehoben. Wenn wir einerseits empfinden, dass wir gebrechliche, schwache Menschen sind, die der Gewalt der Natur in der Sinnenwelt oft nicht widerstehen können, so empfinden wir doch zugleich, dass die Menschheit in unserer Person (oder das was nach diesem Leben von uns übrig bleibt) auf keine Weise von den Kräften der Natur zu Grunde gerichtet oder erniedrigt werden kann. Vor allem erfordert auch hier, wie man sieht, „die Stimmung des Gemüts zum Gefühl des Erhabenen eine Empfänglichkeit desselben für Ideen; denn eben in der Unangemessenheit der Natur zu den letztern, mithin nur unter dieser ihrer Voraussetzung, und der Anspannung der Einbildungskraft, die Natur als ein Schema für die letzteren zu behandeln, besteht das Abschreckende für die Sinnlichkeit, welches doch zugleich anziehend ist; weil es eine Gewalt ist, welche die Vernunft auf jene ausübt, nur um sie ihrem eigentlichen Gebiete (dem praktischen) angemessen zu erweitern, und sie auf das Unendliche hinaussehen zu lassen". (Urth. p. 121.) Auch in diesen Auseinandersetzungen Kant's sieht man wie er an der von Burke aufgestellten Hypothese der Selbsterhaltung erinnert und sie dabei widerlegt.

Was endlich die Frage der Zweckmässigkeit am Erhabenen betrifft, so hat auch Burke richtig erkannt, dass man dem Wohlgefallen am Erhabenen keinen Begriff von einem bestimmten Zwecke zu Grunde legen darf. Wo er von der Erhabenheit der Kraft redet, erklärt er: „dass, so oft die Stärke bloss nützlich ist und sich entweder zu unserem Vorteile oder zu unserem Vergnügen äusserst: so oft ist sie nicht erhaben. Was

uns angenehm sein soll, das muss nach unserem Willen
wirken; aber um unserm Willen gemäss zu wirken, muss
es uns unterworfen sein; und kein Ding von dieser Art
kann die Ursache einer grossen und die Seele beherrschenden Vorstellung werden". Um dies zu beweisen,
führt Burke mehrere Beispiele an. So ist nach ihm
die Idee eines Ochsen, obwohl dieser ein sehr starkes
Tier ist, nicht erhaben, weil es uns im höchsten Grade
nützlich und dienstbar ist. Der Stier ist viel stärker als
ein Ochse; seine Stärke ist aber anderer Art und ist uns
nur selten zu unsern Arbeiten behülflich, desswegen ist
die Idee dieses Tieres eine Erhabene. Das Pferd als
nützliches Tier hat nichts Erhabenes, diesen Eindruck
macht es nur, wenn wir es uns vorstellen als „„„dessen
Hals bekleidet ist mit Donner, das stampft auf den Boden,
und freudig ist mit Kraft, und zeucht aus dem Geharnischten entgegen; das zittert, tobt und scharret in
die Erde und achtet nicht der Trompeten Schall"" [1]).
In diesem Sinne sind auch die Beschreibungen des Einhorns und Leviathans erhaben, welche Burke aus dem
Buche Hiob anführt, und die ich hier wiedergeben
möchte: „„Meinst du, das Einhorn werde dir dienen und
werde bleiben an deiner Krippe? Kannst du ihm ein Joch
anknüpfen, dir Furchen zu machen? Magst du dich auf
dasselbe verlassen, dass es so stark ist, und wirst es dir
lassen arbeiten? — Kannst du den Leviathan ziehen mit
dem Hamen und seine Zunge mit einem Strick fassen?

---

[1]) Schiller bestätigt das, wenn er schreibt: „Ein Pferd
das noch frei und ungebändigt in den Wäldern herumläuft,
ist uns als eine, uns überlegene Naturkraft furchtbar, und kann
einen Gegenstand für eine erhabene Schilderung abgeben.
Eben dieses Pferd gezähmt, an das Joch oder vor den Wagen
gespannt, verliert seine Furchtbarkeit und mit ihr auch alles
Erhabene. Zerreisst aber dieses gebändigte Pferd seine Zügel,
bäumt es sich entrüstet unter seinem Reiter, giebt es sich seine
Freiheit gewaltsam wieder, so ist seine Furchtbarkeit wieder

Meinst du, dass er einen Bund mit dir machen werde, dass du ihn immer zum Knecht habest? Wenn du deine Hand an ihn legst, so gedenke, dass es ein Streit sei, den du nicht ausführen kannst". (Burke p. 100.) An einer anderen Stelle, wo Burke von den Ruinen eines Druidentempels in Wiltschire in England (genannt Stonehenge) redet, meint er: „dass dieser Tempel weder durch seine Anordnung noch durch seine Verzierungen bewunderungswürdig ist. Aber dennoch, diese ungeheuren rohen Massen von Steinen, die aufeinander aufgetürmt sind, führen die Seele auf die unermessliche Gewalt, die zu einem solchen Werke angewandt werden musste. Selbst das Rauhe, Wilde des Werkes vermehrt diesen Eindruck von Hoheit, weil es allen Gedanken von Kunst und künstlichen Methoden zustande zu bringen, ausschliesst. Denn Geschicklichkeit bringt einen ganz andern Eindruck hervor, der sich von diesem deutlich genug unterscheiden lässt". (Burke p. 121.) Kant, im Anschlusse an Burke, hat auch anerkannt, dass, sobald

da, und es wird aufs neue erhaben". (Op. cit, p. 230.) Auf diesem Gedanken beruht vielleicht auch die schöne Schilderung des Feuers in Schiller's „Glocke", wo es heisst:

> Wohlthätig ist des Feuers Macht,
> Wenn sie der Mensch bezähmt, bewacht,
> Und was er bildet, was er schafft,
> Das dankt er dieser Himmelskraft;
>
> Doch furchtbar wird die Himmelskraft,
> Wenn sie der Fessel sich entrafft,
> Einhertritt auf der eignen Spur,
> Die freie Tochter der Natur.
>
> ― ― ― ― ― ― ― ―
>
> Hoffnungslos
> Weicht der Mensch der Götterstärke,
> Müssig sieht er seine Werke
> Und bewundernd untergehn.

(Vrgl. auch Karl Berger „Die Entwickelung von Schiller's Aesthetik". Weimar 1894. p. 198).

wir in das Gefühl des Erhabenen ein Vernunfturteil über den Zweck des Dinges einmischen, dasselbe unrein ist. So dürfen wir für das mathematisch Erhabene kein Beispiel von solchen Gegenständen wählen, deren Grösse schon durch den Zweck der Dinge bestimmt ist; denn wenn sie diese Grösse überschreiten, so erregen sie anstatt Wohlgefallen, Missfallen, z. B. die Vorstellung eines Tieres, dass viel grösser wäre als es seinem Zwecke nach sein sollte. Durch eine solche Vorstellung von einer Grösse kann die Idee des Erhabenen in uns nicht zustande kommen. Auf ähnliche Art verhält es sich mit Kunstprodukten (z. B. Gebänden, Säulen u. s. w.), wo ein menschlicher Zweck die Form sowohl, als die Grösse bestimmt. Wo es also auf ästhetische Grössenschätzung ankommt, da müssen wir uns bloss in der rohen Natur nach Beispielen umsehen, wo die Grösse durch keinen Zweck bestimmt ist, z. B. bei Felsen, Gebirgen, grossen Strömen, Meeren, unendlicher Zeit, unendlichem Raume u. s. w. An Gegenständen dieser Art findet sich nichts Ungeheures, sondern sie gefallen im reinen ästhetischen Urteile bloss wegen ihrer erhabenen Grösse, und dieses Wohlgefallen wird nicht durch die Unregelmässigkeit und Unzweckmässigkeit zerstört, sondern noch erhöht. Das nämliche gilt von dem dynamisch Erhabenen. Nur wenn wir einen Gegenstand der Natur wegen seiner Macht erhaben finden, ist das Urteil über dieses Gefühl rein. Zu welchem Zweck die Natur diese Macht ausübt, und ob dabei ein Zweck überhaupt vorliegt, kümmert uns nicht, denn auch hier wird das Gefühl des Wohlgefallens durch das Spiel der Einbildungskraft und Vernunft ohne alles weitere Interesse erregt. „Wenn man also den Anblick des bestirnten Himmels erhaben nennt, so muss man der Beurteilung desselben nicht Begriffe von Welten, von vernünftigen Wesen bewohnt, und nun die hellen Punkte, womit wir den

Raum über uns erfüllt sehen, als ihre Sonnen in sehr zweckmässig für sie gestellten Kreisen bewegt, zum Grunde legen, sondern bloss, wie man ihn sieht, als ein weites Gewölbe, was alles befasst, und bloss unter dieser Vorstellung müssen wir die Erhabenheit setzen, die ein reines ästhetisches Urteil diesem Gegenstande beilegt. Ebenso den Anblick des Oceans nicht so, wie wir, mit allerlei Kenntnissen (die aber nicht in der unmittelbaren Anschauung enthalten sind) bereichert, ihn denken, etwa als ein weites Reich von Wassergeschöpfen, als den grossen Wasserschatz für die Ausdünstungen, welche die Luft mit Wolken zum Behuf der Länder beschwängern, oder auch als ein Element, das zwar Weltteile von einander trennt, gleichwohl aber die grösste Gemeinschaft unter ihnen möglich macht, vorstellen, denn das giebt lauter teleologische Urteile; sondern man muss den Ocean bloss, wie die Dichter es thun, nach dem, was der Augenschein zeigt, etwa, wenn er in Ruhe betrachtet wird, als eine klare Wasserquelle, der bloss vom Himmel begrenzt ist, aber ist er unruhig, wie einen alles zu verschlingen drohenden Abgrund, dennoch erhaben finden können." (Urt. p. 127.)

Wiewohl für Kant das Wohlgefallen am Erhabenen von keinem Zweck abhängig ist, und er in dieser Beziehung mit Burke übereinstimmt, so bejaht er doch andererseits die Zweckmässigkeit am Erhabenen. Denn da beim Erhabenen lediglich auf die überschwengliche Grösse und Macht des Objekts reflektirt wird, so kann dasselbe, wenn nicht in objektiver, so doch in subjektiver Hinsicht als zweckmässig erscheinen, wiefern es nämlich durch seine Angemessenheit zur Vernunft in ihrer Tendenz zum Unendlichen das Bewusstsein eigener Erhabenheit im Gemüte des Wahrnehmenden und somit ein Lustgefühl rege macht. Daraus wird nun vollkommen klar, dass die Objekte selbst nicht erhaben sind, sondern nur die Erhebung des Gemüts, wozu der Anblick des Gegenstandes Veranlassung giebt. Die Einbildungskraft und Vernunft wirken hier zweckmässig zusammen, um uns in eine Geistesstimmung zu versetzen, die uns unsern Wert als intelligible Wesen, unsern Vorzug vor der vergänglichen Sinnenwelt und unsere Kraft, uns über das Ueberschwengliche und Fürchterliche hinauszusetzen. Die geringen Kräfte, welche die Einbildungskraft auf der einen Seite zeigt, müssen mit den grossen Eigenschaften der Vernunft sich hier zu einem so zweckmässigen Ganzen vereinigen, dass dadurch notwendig ein Gefühl des Wohlgefallens entstehen muss, wenn das Gemüt überhaupt für solche Gefühle empfänglich ist. Es geht uns hier wie bei dem Gefühle des Schönen, dass wir durch eine gewisse Subreption etwas auf das Objekt übertragen, was nur durch die Anschauung des Objekts im Gemüte veranlasst wurde. Wir nennen etwas schön, weil wir es für zweckmässig halten, trotzdem die Zweckmässigkeit eigentlich in uns selbst liegt, nämlich in der Uebereinstimmung der Einbildungskraft und des Verstandes, in ihrer freien Thätigkeit und ruhigen Reflexion über die Gegenstände. Ebenso nennen wir etwas erhaben, weil bei der Anschauung desselben zweckmässige Thätigkeit oder Zusammenstimmung der Einbildungskraft mit Vernunftideen in uns entsteht, und ein besonderes Gefühl des Wohlgefallens von ernsthafter Art im Gefolge hat, das Bewunderung oder Erstaunen erweckt.

Wenn nun Hettner in seiner schon erwähnten Geschichte der englischen Literatur abermals behauptet: „dass bei Kant die Einwirkungen Burke's bis in das Einzelste zu verfolgen sind" (Bd. I. p. 440), so mag die Richtigkeit dieser Behauptung aus dem Angeführten hervorgegangen sein. Nicht destoweniger bleibt aber Burke's Auffassungsweise des Erhabenen doch eine engherzige, bloss auf die äussern Sinneseindrücke begründete. Wie die Ursachen, so sind für ihn auch die Wirkungen des Erhabenen bloss sinnlich. Den Grund für die Wirkung eines erhabenen Gegenstandes sucht Burke nicht in einem geistigen, sondern in einem körperlichen Zustand. Dass er auf diese Weise eine unzulängliche Erklärung des Erhabenheitsprozesses geben musste, ist leicht einzusehen. Andererseits ist nicht zu verkennen, das Burke die verschiedenen Merkmale des Erhabenen erschöpfend behandelt hat; nur seiner einseitig physiologischen Methode ist es zuzuschreiben, dass er diesen seinen Betrachtungen nicht eine tiefere Begründung geben konnte.

Kant selbst erkennt, dass diese Zergliederung der Phänomene unseres Geistes als „psychologische Bemerkungen überaus schön sind" (p. 136); sie sind ihm aber unzureichend, um auf sie ein allgemein gültiges und notwendiges ästhetisches Urteil gründen zu können. Dies ist aber der Hauptzweck der Kantischen ästhetischen Untersuchung, und nur insoweit die Empirie diesem Zwecke dient, ist sie ihm willkommen. Die Apriorität der Geschmacksurteile hat nun Kant nachgewiesen. In seinen kritischen Untersuchungen legt er vielfach das psychologische Schema zu Grunde: „aber dasselbe führt vielleicht an keinem andern Punkte der Kantischen Lehre zu so überraschend grossartigen Resultaten wie hier, wo das Senkblei der Kritik bis in die äusserste Tiefe des ästhetischen Lebens hinabreicht." (Vrgl. Windelband, „Geschichte der neueren Philosophie," Leipzig 1880, p. 168.)